Andrea Erkert

Schikanen unter Kindern

Erkennen, benennen,
eindämmen und vorbeugen

Andrea Erkert

Schikanen unter Kindern

Erkennen, benennen,
eindämmen und vorbeugen

Lambertus

ISBN 3-7841-1604-3

Umschlag, Gestaltung, Satz: Ursi Anna Aeschbacher, Biel-Bienne
Herstellung: Franz X. Stückle, Druck und Verlag, Ettenheim

Bibliografische Information Der Deutschen Bibliothek

Die Deutsche Bibliothek verzeichnet diese Publikation in der Deutschen Nationalbibliografie; detaillierte bibliografische Daten sind im Internet über http://dnb.ddb.de abrufbar.

Inhalt

Vorwort

Es gibt einige informative Bücher über Schikanen, die in Klassen der weiterführenden Schulen vorkommen können. Interessanterweise wird kaum etwas darüber berichtet, dass Schikanen bereits im Kindergarten und in der Grundschule auftreten, und das trotz eigener Erfahrungen und Beobachtungen von Kindern im Umgang mit anderen Gleichaltrigen.

Dass sich die meisten Erwachsenen viel zu wenig mit der Problematik im Kindergarten und in der Grundschule befassen, liegt zum größten Teil daran, dass unerwünschte Verhaltensweisen nicht zwangsläufig etwas mit Schikanen zu tun haben.

So wird zum Beispiel das Toben, Balgen und spielerische Kräftemessen als eine typische Form des sozialen Spiels gesehen. Schließlich wollen Kinder erfahren, wer von ihnen schneller, stärker, geschickter und somit der „Bessere" ist. Sie sind stolz, wenn sie nach einer Wettbewerbssituation von den anderen Kindern bewundert werden oder enttäuscht, weil sie trotz großer Anstrengung nicht im Mittelpunkt des Geschehens stehen. Faire Kämpfe, bei denen die Kinder Regeln beachten, sich gegenseitig eine Verschnaufpause gönnen und am Ende den Besiegten die Hand reichen, ermöglichen wichtige Lernerfahrungen, die für den Alltag nützlich sind.

Brenzlig sind negative Handlungen, die alles andere als Spaß machen. Verletzende Bemerkungen, Wutausbrüche und andere Verhaltensweisen, die den Grenzbereich des Akzeptablen überschreiten, bedürfen unserer Aufmerksamkeit.

Dennoch ist es nicht immer ganz einfach, zwischen einer spielerischen Rangelei und einer ernsthaften Auseinandersetzung zu unterscheiden. Greifen wir in das „wilde" Spiel ein, kann es sein, dass die Kinder die Situation ganz anders empfinden. „Das ist doch bloß ein Spiel!" oder „Das tut überhaupt nicht weh!", können die kleinen „Raufbolden" antworten, die uns beruhigen und unser Einverständnis zum Weitermachen haben wollen. Und selbst wenn es zu Streitigkeiten unter den tobenden oder gar „ruhig" spielenden Kindern kommt und dabei vielleicht die eine oder andere Träne fließt, bedeutet das nicht immer, dass wir einschreiten und bei der Klärung des Konflikts helfen müssen.

Neben den Hindergrundinformationen zu dem Begriff „Schikane" wird im ersten Teil des Buches ganz bewusst zwischen spielerischen Auseinandersetzungen, harmlosen Reibereien und schikanösen Verhaltsweisen unterschieden. Es wird die große Bandbreite von Schikanen im Kindergarten und in der Grundschule erläutert. Fallbeispiele verdeutlichen, in welcher Form Schikanen in der Kindergruppe oder in der Schulklasse auftreten können. Wie Erzieher/innen und Lehrer/innen erkennen, ob es sich um eine Schikane handelt oder nicht, wird anhand von verschiedenen Beobachtungsmethoden dargestellt. Dabei werden Faktoren beschrieben, die unsere Beobachtung und Beurteilung beeinträchtigen können. Zudem werden mögliche Ursachen, die schikanöse Verhaltensweisen begünstigen, erörtert und die Folgen für die betreffenden Kinder aufgezeigt.

Im zweiten Teil des Buches wird ein umfangreiches Hilfs- und Präventionsangebot vorgestellt, das Kinder befähigt, von ihrer „Opferrolle" loszukommen und sich gegen Schikanen zu schützen. Dabei geht es nicht um Patentrezepte, sondern vielmehr um einfache, individuell zusammenstellbare Spielideen und Anregungen, bei denen Kinder ihre Gefühle wahrnehmen, ihre Fähigkeiten entdecken, ganz bewusst *nein* sagen, sich dem Gruppendruck widersetzen und ihre Grenzen bestimmen lernen. Auch werden Mitmachgeschichten vorgestellt, bei denen die Kinder in Rollen schlüpfen und sich mit dem Thema „Schikane" auseinander setzen können.

Darüber hinaus wird auf die Rolle des Erwachsenen und den Umgang mit schwierigen Kindern eingegangen. Anstelle von Vorwürfen und Ermahnungen werden Möglichkeiten aufgezeigt, die ein positives Verhalten bekräftigen. Neben diversen Spielideen, die die Persönlichkeit des Kindes stärken, gibt es eine Menge erprobter Tipps und Anregungen für einen guten Gesprächsverlauf mit den verhaltensauffälligen Kindern. Die Zusammenarbeit zwischen dem Elterhaus und der Einrichtung nimmt ebenfalls einen zentralen Stellenwert ein.

Die Kapitel im dritten Teil des Buches sind hervorragend für die Präventionsarbeit geeignet. Es werden bewährter Präventionsansätze vorgestellt, bei denen die Kinder sich bewusst mit unterschiedlichen Konfliktsituationen auseinander setzen und dabei ihr eigenes Verhalten reflektieren. Dabei werden auch Möglichkeiten beschrieben, wie Kinder lernen, im Konfliktfall ihren Spielkameraden beizustehen. Miteinander vereinbarte Regeln gegen verbale und physische Attacken knüpfen an die Methoden an und verdeutlichen, dass Schikanen keinen Platz in der Gruppe haben. Wie Kinder ihren Kindergartenalltag aktiv mitgestalten und sich als Teil der Gruppe erleben, zeigen verschiedene Spielangebote und Projekte, die ohne großen Aufwand durchgeführt werden können. Im Anhang des Buches finden sich Hilfe- und Anlaufstellen für betroffene Kinder und andere Ratsuchende. Neben nützlichen Adressen wird auch auf Personen und Stellen in der näheren Umgebung hingewiesen.

Und nun möchte ich Sie einladen, den Versuch zu unternehmen, sich dem problematischen Thema zu widmen. Erst wenn wir selbst nicht tatenlos zuschauen und frühzeitig mit der Prävention beginnen, werden Kinder begreifen, dass Schikanen weder erwünscht noch geduldet werden.

In diesem Sinne wünsche ich Ihnen mit diesem Buch viele gute Einsichten und viel Erfolg bei der Umsetzung der Spiel- und Projektideen und der zahlreichen Anregungen!

Ihre
Andrea Erkert

Teil I: Zum Begriff „Schikane" – Hintergrundinformationen

Es gibt die unterschiedlichsten Formen von Schikanen, die auch unter dem Begriff „Mobbing", oder in anderen Ländern unter dem englischen Begriff „bullying", zusammengefasst werden. Im ursprünglichen Sinn ist eine Schikane ein absichtlich aufgebautes Hindernis wie etwa im Pferde- und Rennsport oder an Kletterwänden. Auf diese Weise können die Sportler/innen ihre Grenzen kennen lernen und über sich hinauswachsen. Im zwischenmenschlichen Bereich wird der Begriff „Schikane" verwendet, wenn man eine Boshaftigkeit meint, hinter der die Absicht steckt, eine Person zu ärgern und fertig zu machen. Erst wenn eine Person regelmäßig, wiederholt und über einen längeren Zeitraum den Attacken von einer oder mehreren Personen ausgesetzt ist, spricht man von Schikanen, die Mobbing gleichkommen. Mittlerweile ist Mobbing zu einem Schlagwort geworden. Mob bedeutet Pöbel. Mit anderen Worten meint der aus dem Englischen stammende Begriff „Mobbing" nichts anders als anpöbeln, zusammenrotten und fertig machen. Konrad Lorenz (1903–1989), ein österreichischer Mediziner, Zoologe, Verhaltensforscher und Nobelpreisträger, hat den Begriff „Mobbing" ursprünglich geprägt und meinte damit den massiven Angriff von Tieren auf einen in der Gruppe fremden Eindringling. Der schwedische Arbeitswissenschaftler Prof. Heinz Leymann hat den Begriff Mobbing übernommen und einen Katalog mit 45 Mobbing-Handlungen ausgearbeitet, die sich auf den Arbeitsplatz beziehen und äußerst vielfältig sind. In der 70er Jahren beschäftigte sich der norwegische Forscher Dan Olweus mit diesen Phänomen in den Schulen und entwickelten ein Interventionsprogramm, das auch außerhalb von Skandinavien viel Anerkennung fand.

Er unterscheidet zwischen „indirektem" Mobbing, bei dem Gerüchte verbreitet werden oder ein Kind aus der Gruppe ausgegrenzt wird, und dem „direkten" Mobbing, bei dem ein Kind zum Beispiel gehänselt wird. Das bezeichnet Olweus auch als „verbales Mobbing", welches genauso wie Kopfnüsse, Schläge und Tritte zu dem „direkten" Mobbing gehört.

Kapitel 1: Ist das eine Schikane oder nicht?

Spielerisches Kräftemessen, kleine Streitigkeiten oder Schikanen werden nicht immer gleich richtig eingeschätzt. Eine Fehleinschätzung führt dazu, dass entweder ein Balgspiel oder eine harmlose Reiberei unterbunden oder psychische Gewalt heruntergespielt werden. Beides kann fatale Folgen für die Persönlichkeitsentwicklung der betreffenden Kinder haben. Aus diesem Grund ist es wichtig, dass wir uns zunächst mit den „wilden" Spielen befassen, die Elemente enthalten, die uns oftmals an gefährliche Kampfhandlungen erinnern.

1.1 Toben und spielerisches Kräftemessen sind erwünscht

Denken wir an unsere Kindheit zurück, so können wir uns bestimmt daran erinnern, wie wir mit anderen Kindern Fangen gespielt, uns gegenseitig gejagt, verfolgt und geärgert haben. Vielleicht fallen uns auch kleine Ringkämpfe oder Wettkämpfe ein, die häufig Jungen mit Vorliebe gemacht haben.

Fangen, Jagen und spielerische Kämpfe sind bei unseren Kindern ebenfalls heißbegehrt. Damit jedoch „wilde" Spiele nicht zu kippen drohen beziehungsweise ernst werden, müssen folgende Dinge beachtet werden:

Alle beteiligten Kinder ...

* haben Freude beim Spielen,

* sie wählen selber ihre Rolle,

* gönnen sich gegenseitig Spielpausen,

* akzeptieren ein „Stopp!" oder ein „Wart' mal!",

* beachten miteinander vereinbarte Spielregeln, um Verletzungen zu vermeiden.

15

Bei Kampfspielen können wir beobachten, dass die Kinder entweder so tun, als ob sie kämpfen würden oder nicht mit ganzer Kraft kämpfen. Wie bei den übrigen „wilden" Spielen geht es in erster Linie darum, das Spiel aufrecht zu erhalten und nicht den anderen zu besiegen. Deshalb werden auch die Rollen gewechselt und Spielhandlungen, die besonders viel Spaß machen, mehrmals wiederholt.

Werden spontane Kampfspiele und spielerisches Kräftemessen von den beteiligten Kindern als lustvoll empfunden, ist dagegen nichts einzuwenden. Trotzdem sollten wir immer wieder einen Blick auf das Spielgeschehen richten und uns selbst davon überzeugen, ob aus dem Spiel ernst wird oder nicht. Gehen die Kinder fair miteinander um, sind „wilde" Spiele unbedingt zu fördern, da sie sich positiv auf das Gruppengeschehen auswirken. So lernen Kinder, die spielerisch miteinander kämpfen, die Körpersprache des anderen zu beachten und aufeinander einzugehen. Zudem ermöglichen Balg-, aber auch Fangspiele körperliche Kontakte, die Kindern gut tun. Vor allem schüchterne oder jüngere Kinder erhalten durch die einfachen Spielregeln viel Sicherheit und Spielfreude. Sie lernen ihre Fähigkeiten entdecken und ihre Grenzen immer wieder aufs Neue kennen. Auf diese Weise wird das Selbstwertgefühl gestärkt.

Gemeinsame Erlebnisse wie nachlaufen, festhalten und sich gegenseitig beobachten und aus dem Gleichgewicht bringen, fördern die Kondition, die Ausdauer, die Konzentration und die Motorik. Tobe-, Fang- und Kampfspiele regen den Kreislauf fast wie von selbst an und helfen, innere Unruhe abzubauen.

Spielideen zum Kräftemessen, Toben oder Fangen

Wer fällt aus dem Ring?

Einfache Regeln einhalten und miteinander fair kämpfen, das können die Kinder durch das folgende Spiel trainieren.

Material: 1 Gymnastikreifen, 1 extradicke Weichbodenmatte (25 cm stark, 100 x 200 cm)
Spieler/innen: 2 Kinder

Auf eine Weichbodenmatte legen die Kinder einen Gymnastikreifen. Zwei Kinder, die gleich stark sind, stellen sich in den Reifen hinein, so dass sie sich gegenseitig sehen. Auf ein Kommando hin legen die Kinder ihre flachen Hände aufeinander und versuchen, sich gegenseitig aus dem Reifen zu drücken. Dabei dürfen sie weder schlagen, kratzen, zubeißen, treten, boxen noch sich gegenseitig an den Haaren ziehen. Dasjenige Kind, das die Regel nicht einhält, verliert den Kampf. Wer jedoch seinen Partner aus dem Ring drückt, gewinnt!

◯Boxauto fahren

Boxautos sind auf vielen Volksfesten zu finden und bei Kindern sehr beliebt. Damit jedoch die Spielfreude erhalten bleibt, dürfen sie nicht mit ganzer Kraft gegen ein anderes „Auto" boxen.

Material: 1 Handtrommel, für jedes Kind 1 Kissen, etwas Schnur und 1 Tennisring
Spieler/innen: ab 6 Kinder

Alle Kinder stopfen sich ein dickes Kissen unter den Pullover. Damit das Kissen möglichst gut hält, binden sie eine Schnur um den Pullover beziehungsweise Bauch. Alle Kinder erhalten je einen Tennisring, welcher das Lenkrad darstellt.
Zum Rhythmus der Trommel gehen die Kinder durch den Raum und spielen Boxautos. Dabei tun sie so, als ob sie mit dem Tennisring in der Hand lenken würden. Verstummt das Trommelspiel, laufen immer zwei Kinder aufeinander zu, um mit ihren „Autos" beziehungsweise weichen Bäuchen zusammenzustoßen.

Der Wolf und die Schafe

Spiele, wie als „Wolf" eine Herde „Schafe" verfolgen oder sich als „Schaf" vor dem „Wolf" verstecken, sind für Kinder mit sehr viel Freude verbunden, da sie in Rollen schlüpfen, die sich gegenseitig bedingen.

Material: 2 bis 3 Tische
Spieler/innen: ab 5 Kinder

In einem überschaubaren Spielfeld verteilen die Kinder zwei bis drei Tische. Ein Kind aus der Gruppe wird ausgezählt, das den Wolf spielt.

Alle anderen Kinder sind Schafe die auf der Weide beziehungsweise im Spielfeld solange umhergehen, bis auf einmal der „hungrige Wolf" auf die Weide beziehungsweise in das Spielfeld läuft. Sofort ergreifen die „Schafe" die Flucht und springen aufgeregt und rasch vom „Wolf" weg. Kommt der „Wolf" einem „Schaf" zu nahe, muss es blitzschnell in den Stall laufen beziehungsweise unter einen freien Tisch krabbeln. Ist der „Wolf" wieder außer Reichweite, krabbelt das Kind unter dem Tisch hervor und springt vergnügt durch den Raum. Wurde jedoch ein „Schaf" vom „Wolf" geschnappt, werden die Rollen gewechselt.

Fußdrücken

Sportliche faire Kampfspiele machen Spaß, fördern das Regelverständnis und die Kondition.

Material: 1 Gong, für jeweils zwei Kinder 1 Turnmatte
Spieler/innen: ab 6 Kinder

Für die Hälfte der Gruppe werden Turnmatten auf den Boden verteilt. Immer zwei Kinder setzen sich auf einer Turnmatte gegenüber, winkeln leicht ihre Beine an und berühren sich gegenseitig mit den Füßen. Erklingt der Gong, fangen die Kinder an, sich gegenseitig mit den Füßen wegzudrücken. Sieger ist dasjenige Kind, das die Matte nicht mit den Füßen berührt. Sollte jedoch der Gong vorher erklingen, endet das Spiel unentschieden. Ähnlich wie bei den Profis geben die Kinder sich gegenseitig die Hände und suchen sich ein weiteres Kind, mit dem sie den nächsten Kampf bis zum Gongschlag bestreiten.

Farben fangen

Einem anderen Kind beistehen und damit Widerstand leisten, können die Kinder bei dem folgenden Fangspiel üben.

Material: 4 Markierungskegel, für jeweils ein Drittel der Gruppe 1 schmales Stück Stoff in der Farbe Rot, Blau oder Gelb
Spieler/innen: ab 5 Kinder

Auf jeweils einer Ecke des übersichtlichen Spielfeldes stellen die Kinder ein Markierungskegel. Die Gruppe bildet einen Kreis und wählt ein

Kind aus, das den Fänger spielt. Bis auf den Fänger erhalten alle Kinder je ein schmales Stück Stoff in den Farben Rot, Blau oder Gelb, das sie sich um den rechten Oberarm binden. Alle Kinder laufen dem Fänger weg, der zum Beispiel „Rot!" ruft. Diejenigen Kinder, die eine rote Armbinde tragen, sind in Gefahr und müssen entweder vor dem Fänger fliehen oder hoffen, dass ein Kind mit einer blauen oder gelben Armbinde herbeieilt, um ihnen die Hand zu reichen. Sobald zwei Kinder Hand in Hand durch den Raum gehen, muss der Fänger das Kind mit der gesuchten Farbe verschonen. Wird ein Kind gefangen, gibt es dem Fänger seine Armbinde und wiederholt das Spiel.

Weiche Bauchlandung!

Eine dicke Weichboden-Turnmatte, die gerne zum Mini-Trampolin-Springen benutzt wird, bietet sich besonders gut für „starke" Kinder an.

Material: 1 extradicke Weichbodenmatte (25 cm stark, 100 x 200 cm)
Spieler/innen: ab 1 Kind

An den beiden kurzen Seite der Weichbodenmatte, stellt sich jeweils ein Erwachsener hin und hebt die Weichbodenmatte hoch, so dass die Matte senkrecht auf dem Boden steht. Die Erwachsenen halten die Matte mit beiden Händen gut fest und bis zu sechs Kinder stellen sich der Reihe nach möglichst dicht mit dem Bauch vor der Weichboden-matte auf. Den Kopf neigen die Kinder zur Seite und die Arme strecken sie über den Kopf aus. In dieser Position beginnen die Kinder bis drei zu zählen. Erfolgt die letzte Zahl, dürfen die Kinder sich mit ihrem ganzen Körper gegen die Weichbodenmatte drücken und versuchen, diese umzukippen. Nickt ein Erwachsener dem anderen zu, wird die Weichbodenmatte losgelassen, so dass die Kinder sich mit der weichen Matte auf den Boden fallen lassen können.

Wer zieht wen zu sich her?

Kräfte miteinander messen, ohne sich dabei weh zu tun, können die Kinder üben, indem sie Folgendes machen:

Material: 1 Gong oder 1 Handtrommel, für jeweils zwei Kinder 1 Gymnastikseil, 1 Gymnastikreifen aus Holz oder hochwertigem Kunststoff
Spieler/innen: ab 2 Kinder

Die Kinder bilden Paare und legen auf dem Boden jeweils ein Gymnastikseil aus. Jedes Paar holt sich einen stabilen Gymnastikreifen und stellt sich gegenüber, sodass sich zwischen ihnen das Seil befindet. Ähnlich wie bei dem altbekannten Spiel „Tau ziehen", halten die Paare ihren Gymnastikreifen mit beiden Händen fest. Erklingt der Gong oder ein Trommelschlag, versuchen die Kinder, sich gegenseitig zu ihrer Seite zu ziehen. Dasjenige, dem dieses Vorhaben gelingt beziehungsweise das, welches das Partnerkind auf seine Seite zieht, gewinnt. Damit jedoch alle Kinder wenigstens einmal gewinnen, werden in der nächsten Spielrunde neue Paare gebildet.

Ziehen oder nicht?

Miteinander gegen eine andere Gruppe im Spiel antreten und zeigen wie stark man gemeinsam ist, macht Spaß und weckt den Teamgeist!

Material: 1 Wolldecke, 1 Gymnastikseil oder 1 Kreide, 1 Uhr mit Sekundenzeiger
Spieler/innen: ab 5 Kinder

Drei Kinder breiten eine Decke auf dem Boden aus und setzen sich darauf. Ein bis zwei Meter vor den sitzenden Kindern legt die Spielleitung ein Seil auf den Boden aus, welches das Ziel darstellt. Auf das Startzeichen der Spielleitung versuchen drei weitere Kinder mit ganzer

Kraft die drei Kinder, die sich auf der Decke befinden, bis ins Ziel beziehungsweise zum Seil zu ziehen. Das ist gar nicht so einfach, denn die Kinder haben insgesamt nur eine Minute Zeit, um die Aufgabe zu erfüllen. Die Kinder auf der Decke versuchen, das Vorhaben zu verhindern, indem sie sich möglichst schwer machen. Ein spannender Wettlauf gegen die Zeit, bei dem am Ende nur eine Gruppe gewinnt!

1.2 Auseinandersetzungen können nützlich sein

Ärgernisse, Spannungen und Auseinandersetzungen zwischen den spielenden Kindern können vorkommen und sind sicherlich nichts Neues. Sie machen den Kindern deutlich, dass etwas nicht in Ordnung und somit zu klären ist. Dabei kann es passieren, dass die Kontrahenten vor lauter Wut weinen, sich gegenseitig anschreien, beschimpfen oder gar schlagen. Trifft das Letztere zu, müssen wir unbedingt eingreifen und helfen, den Konflikt zu beenden. Meist dauert es nicht lange und die Streithähne sind wieder miteinander befreundet.

Ob ein Konflikt selbst aus der Welt geschafft werden kann oder nicht, hängt vom Alter und den jeweiligen sozialen Erfahrungen der einzelnen Kinder ab. Häufig wird argumentiert und versucht, die Gegenseite zu überzeugen. Dabei kann es sein, dass die Kontrahenten versuchen, das eine oder andere unbeteiligte Kind auf ihre Seite zu ziehen. Manchmal ergreifen die Kinder auch von selbst Partei, so dass der Konflikt entweder beendet oder verschärft wird.

Unabhängig davon, kommt es jedoch hin und wieder zu kleinen Provokationen wie dem anderen „den Vogel zeigen" oder die Zunge herausstrecken, was im Grunde genommen nichts anders heißt als: „Komm' endlich zur Einsicht!" Derartige Verhaltensweisen haben nichts mit Schikanen zu tun, sondern sind ein vergeblicher Versuch, an die Vernunft des anderen zu appellieren. Haben sich die Gemüter wieder etwas beruhigt, kann es immer noch zu einer Einigung kommen.

Erst wenn sich die Fronten zunehmend verhärten und die Kinder ihre Interessen mit aller Kraft durchsetzen wollen, wird es problematisch. „Wer ist der Stärkere?" oder „Inwieweit habe ich Einfluss auf den anderen?" sind für Kinder wichtige Fragen, die zu hitzigen und unfairen

Auseinandersetzungen führen. Eine Einigung ist von allein oft nicht mehr möglich, so dass die Kinder die Unterstützung einer neutralen Person brauchen, die mit ihnen ein klärendes Gespräch führt und ihnen Wege aufzeigt, wie das Problem gelöst werden kann. Trotzdem führen nicht alle ungelösten und andauernden Konflikte zu unerwünschten Verhaltensweisen. Das wäre nämlich viel zu einfach! So kann es zum Beispiel sein, dass die Kontrahenten das Interesse am begehrten Streitobjekt verlieren oder ganz einfach keine Lust mehr zum Streiten haben.

1.3 Bloßstellen und Hänseln sind zu unterbinden

Im Vor- und Grundschulalter sind Schikanen selten geplant. Sie entstehen nicht aus reiner Bösartigkeit, sondern haben eine Ursache. Dennoch sind Schikanen nicht zu entschuldigen. Denn das Opfer, das denjenigen Kindern, die es angreifen, unterlegen ist, wird zum Beispiel durch bewusstes Bloßstellen, übermäßiges Auslachen oder ständiges Hänseln herabgesetzt und sozial ausgegrenzt. Es verliert die Anerkennung und die Achtung der anderen Kinder und gerät in eine Außenseiterposition, aus der es von alleine nicht mehr herauskommt.

Wie bereits erwähnt, spricht man von Schikanen, wenn die negativen Handlungen über einen längeren Zeitraum systematisch und gezielt erfolgen. Dabei handelt es sich um eine Form physischer und psychischer Gewalt, die offen oder versteckt sein kann.

Die häufigsten Schikanehandlungen, die im Vor- und Grundschulalter vorkommen, sind:

- nicht an Spielen mitmachen lassen,

- abfällige Bemerkungen,

- abwertende Blicke und Gesten,

- Schimpfwörter und Spitznamen,

- hänseln,

- nachäffen,

- auslachen und für dumm erklären,

- wie Luft behandeln,
- halblaute Bemerkungen, die gerade noch verstanden werden,
- Gerüchte und Lügen verbreiten,
- nicht ausreden oder zu Wort kommen lassen,
- einsperren wie mit aller Kraft die Toilettentüre zuhalten,
- massiv ärgern wie sich die Mütze eines Kindes gegenseitig zuwerfen,
- Erpressen von Geld oder begehrten Spielobjekten,
- ständige Schuldzuweisungen,
- Schläge androhen,
- Bauwerke zerstören, Stifte wegnehmen oder gemalte Bilder verstecken (es können auch andere Dinge sein).

Anhand der Auflistung der unfairen Attacken wird deutlich, wie komplex Schikanen bereits im Kindergarten angelegt sein können. Damit die Folgen für die betreffenden Kinder möglichst gering gehalten und diese Taten nicht in der Schule erfolgreich fortgesetzt werden, müssen wir rechtzeitig eingreifen und diplomatisch vermitteln und weitere direkte oder indirekte Angriffe beenden.

Kapitel 2: Fallbeispiele aus dem Kindergartenalltag

Gehässigkeiten, dumme Scherze oder Gemeinheiten, die zur Tagsordnung gehören, zermürben und machen handlungsunfähig. Häufig hat das betroffene Kind große Angst davor, sich zur Wehr zu setzen und Hilfe zu holen. Das hängt auch damit zusammen, dass die Angriffe oft hinter dem Rücken der Erwachsenen stattfinden und dadurch die Kinder befürchten, dass ihnen niemand glaubt. Doch wie kann es überhaupt soweit kommen? Die folgenden Fallbeispiele sollen helfen, sich in die einzelnen Kinder hineinzuversetzen und dem Verlauf der Schikanehandlungen ein Stück weit auf die Spur zu kommen ...

2.1 Mit dem Blödmann spielen wir nicht!

Dominik (5) macht einen freundlichen, offenen und neugierigen Eindruck. Er hat ein großes Mitteilungsbedürfnis, ist interessiert und beteiligt sich gerne bei angeleiteten Angeboten. Dabei bemüht er sich, alles gut zu machen.

Dennoch lässt er sich leicht ablenken, so dass er häufig zum Weitermachen motiviert werden muss. Er ist unruhig, impulsiv, unkonzentriert und hat deutliche Schwierigkeiten in den Bereichen visuelle Wahrnehmung und logisches Denken.

In der Freispielzeit wechselt er oftmals seinen Spielbereich. Aus diesem Grund werden angefangene Spiele wie ein Puzzle kaum zu Ende geführt. Kinder, die bereits miteinander spielen, werden von Dominik häufig gestört. Er versteht es nicht, wenn die anderen Kinder mit einem Spiel längst begonnen haben. Ein „Nein" oder „Jetzt gerade nicht!" kann Dominik schwer akzeptieren. Er wird wütend und versucht, die Kinder lautstark zum Mitspielen zu überreden. Mit viel Fingerspitzengefühl gelingt es der Erzieherin zwischen Dominik und den anderen Kindern zu vermitteln, die schließlich Dominik widerwillig mitspielen lassen. Das geht jedoch nicht lange gut, da Dominik im Umgang mit anderen Kindern überfordert ist. Läuft etwas nicht nach seinem Kopf, wird Dominik aggressiv. Er schreit die Kinder an, zerstört ihre Bauwerke oder wirft einen Gegenstand durch den Raum. Hinzu kommt, dass Dominik häufig seine Spielkameraden ärgert. Er nimmt den Kindern gerne ihr Spielzeug weg, läuft wie ein Wirbelwind durch Raum und ruft ganz laut: „Fangt mich doch!" Dieses Verhalten stört auch die Erzieherin. Sie schimpft mit Dominik oder setzt ihn neben sich auf einen Stuhl, damit er in aller Ruhe über sein Verhalten nachdenken kann.

Aufgrund des eigenen aggressiven provokanten Verhaltens gerät Dominik ständig in Konflikt mit seinen Spielkameraden, die wütend auf ihn sind und deshalb aggressiv reagieren. Sätze wie „Mit dem Blödmann möchte ich nicht spielen!" oder „Dominik, ist balabala!" fallen immer häufiger in der Gruppe. Aber auch im täglichen Stuhlkreis kommt es zu Auseinandersetzungen zwischen Dominik und den anderen Kindern. Vor allem Kinder, die rechts und links neben Dominik im Stuhlkreis sitzen, zeigen ihm massiv ihre Ablehnung, indem sie mit ihren Füßen seinen Stuhl möglichst weit aus dem Kreis drücken. Das wiederum führt dazu, dass Dominik seinen Stuhl erst recht ganz nah zu dem Stuhl eines der beiden Kinder rückt. Das Hin und Her mit den Stühlen macht alle Beteiligten unglaublich wütend. Die Kinder beschimpfen sich gegenseitig, fangen an, Dominik anzuspucken, der sich wehrt und die Kinder schlägt. Diesen Tumult bemerkt auch die Erzieherin, die eingreift und den Kampf schließlich beendet. Auf die Frage der Erzieherin, wer angefangen habe, antworten alle Kinder ganz laut: „Natürlich Dominik!"

2.2   Wer Daumen lutscht, ist ein Baby!

Jana (4) ist ein kleines, zierliches und behütetes Mädchen, dass einen überängstlichen Eindruck macht. Sie spricht sehr leise und ist besonders schüchtern. Jana spielt oftmals für sich allein und schaut verlegen weg, wenn sie von der Erzieherin angesprochen wird. Immer wenn Jana aufgeregt oder unsicher ist, steckt sie zum Trost den Daumen in den Mund. Das Lutschen am Daumen hat für Jana eine beruhigende Wirkung, das mit dem Bedürfnis verbunden ist, sich etwas Gutes zu tun.

Das Daumenlutschen bleibt natürlich auch den Kindern in der Einrichtung nicht verborgen. Eines Tages beginnt ein Kind, das kaum älter als Jana ist, sich darüber lustig zu machen. „Jana, lutscht am Daumen und ist ein Baby!", ruft der Junge laut. Eine kleine Gruppe blickt zu Jana und bricht in ein großes Gelächter aus. Jana, die mit dieser Situation überfordert ist, schießen die Tränen in die Augen. Als sie bitterlich weint, fühlen sich die Kinder erst recht angespornt und rufen ganz laut: „Jana, ist eine alte Heulsuse!" Die Erzieherin, die das Geschrei hört, läuft herbei und greift ein. Sie tröstet Jana und bittet die Kinder, sich bei Jana zu entschuldigen.

Am nächsten Tag, als Jana wieder mit Daumenlutschen anfängt, dauert es nicht lange, bis einige Kinder hinter ihrem Rücken tuscheln und halblaute Bemerkungen machen, die offensichtlich etwas mit dem Daumenlutschen zu tun haben. Ein Mädchen kann sich das Lachen nicht verkneifen, so dass die anderen Kinder Jana ebenfalls auslachen und sie sogar als „Baby!" bezeichnen.

Der ständige Spott der Kinder geht an Jana nicht spurlos vorüber. Sie weint häufig, weigert sich abends, am nächsten Tag in den Kindergarten zu gehen und macht insgesamt einen bedrückten Eindruck. Das Daumenlutschen wird allmählich chronisch und ist ein Zeichen, dass Jana mit dem Spott und dem Gelächter der anderen Kinder alleine nicht fertig wird.

2.3 Alle nennen ihn „Fresssack!"

Giulio (6) wurde ein Jahr von der Schule zurückgestellt und besucht die Grundschulförderklasse. Giulio ist ein Scheidungskind und leidet sehr darunter, dass sein Vater den Kontakt zu der Familie abgebrochen hat. Giulios Mutter arbeitet halbtags im Verkauf und hat neben Giulio noch ein weiteres Kind im Schulalter zu versorgen.

Er sitzt nahezu jeden Nachmittag vor dem Computer oder Fernseher. Ungesunde Sachen wie Junkfood, Pizza, Pommes, Schokolade und Cola stopft er wahllos in sich hinein. „Er ist eben ein ‚guter Esser‘!", meint die Mutter und verdrängt, dass Giulio bereits unter seinem Übergewicht leidet.

Giulios ungesteuertes Essverhalten bleibt auch den Kindern in der Schule nicht verborgen. Vor allem in den Pausenzeiten fällt den Kindern auf, dass Giulio ohne weiteres zwei Croissants, einen Apfel und eine Milchschnitte verzehren kann. Ein Junge, der gerade an seiner Karotte kaut, blickt abfällig zu Giulio und ruft: „Mann, kann der fressen!" Giulio antwortet prompt und ruft: „Halt' dein Maul!" Der Junge lässt sich das nicht gefallen und antwortet: „Warum? Stimmt doch! Du bist doch voll fett! Bestimmt platzt bald deine Hose!" Die anderen Kinder fangen lautstark zu lachen an und rufen: „Giulio ist ein Fresssack!" Dabei bleibt es jedoch nicht. Aufgrund des Körpergewichts und der geringen Kondition kann Giulio seinen Altersgenossen kaum hinterher laufen, so dass er bei Mannschaftsspielen prinzipiell als Letzter ausgewählt wird. Diejenigen Kinder, die Giulio in ihre Mannschaft aufnehmen sollen, sind verärgert und beschweren sich lautstark. Sätze wie „Mit dem Fresssack verlieren wir ja bloß!" oder „Wenn der Fresssack mitspielt, mache ich nicht mehr mit!", sind sehr verletzend und führen dazu, dass Giulio sich zurückzieht und nicht mehr mitspielen möchte. Später geht er zu Hause am liebsten zum Kühlschrank, um sich einen „Trostspender" zu holen.

2.4 Die Blöde will immer die Beste sein!

Tatjana (7) ist ein höfliches und ruhiges Mädchen, das die 1. Klasse einer Grundschule besucht. Ihre Leistungen sind überdurchschnittlich gut, so dass sie häufig von ihrem Lehrer gelobt wird.
Ein paar Kinder, die eher mit Zwischenrufen und Kraftausdrücken, die weit unter die Gürtellinie gehen, in der Klasse auffallen, sind eifersüchtig und bezeichnen sie als „blöde Kuh!" oder „dumme Streberin!"
Eines Tages als Tatjana in der Pause den Raum verlässt, kommt einem der Kinder die Idee, das Hausaufgabenheft von Tatjana zu entwenden. „Komm, nimm doch einfach das Heft weg, dann kriegt sie Ärger!", flüstert das Mädchen ihrer Freundin zu. „Ich trau mich nicht so richtig!", entgegnet die Freundin und hofft dadurch, von der Tat verschont zu bleiben. „Wenn du das nicht machst, dann bist du nicht mehr meine Freundin!" Das Mädchen denkt kurz nach und geht mit einem schlechten Gefühl im Bauch zu Tatjanas Tisch, auf dem das Heft liegt. Sie schaut sich prüfend um und lässt das Hausaufgabenheft blitzschnell

unter ihrem dicken Pullover verschwinden. Danach laufen die beiden Mädchen auf den Schulhof und werfen das Hausaufgabenheft hinter den nächsten Busch. Nach der Pause gehen alle Kinder wieder in ihre Klasse zurück. Tatjana, die ihr Hausaufgabenheft gleich vermisst, bekommt Panik und sucht vergeblich. Der Lehrer, der den Raum betritt und wie immer nach der Pause die Hausaufgabenhefte einsammelt, ist verwundert, dass Tatjana offensichtlich ihre Hausaufgaben nicht vorlegen kann. Zur Schadenfreude der beiden Mädchen wird sie ermahnt und aufgefordert, ihre Hausaufgaben bis morgen nachzureichen. Den Erfolg bleibt natürlich den beiden Mädchen im Gedächtnis haften. Sie werden mutiger, fühlen sich gestärkt und plagen Tatjana weiter. Sie brüsten sich mit ihren Taten und suchen Verbündete. Auf dem Schulweg fangen sie an, Tatjana zu beschimpfen und zu schubsen. Tatjana, die den Druck kaum aushält, weint häufig und möchte am liebsten die Schule verlassen.

Kapitel 3: Wozu eine Verhaltensbeobachtung?

Jeder von uns dürfte diese oder ähnliche Situationen bestens kennen: Metin und Kevin streiten wegen eines Spielzeugautos, Mustafa gewinnt ein Spiel und jubelt voller Freude. Tina sitzt in einer Ecke und weint. Vielleicht ist das Schluchzen von Tina so intensiv und herzzerreißend, dass wir ihr unsere ganze Aufmerksamkeit schenken. Dabei kann es sein, dass Tina uns den Eindruck vermittelt, dass die Situation ernst ist und wir eingreifen müssen. Das ist in Ordnung. Dennoch müssen wir uns darüber im Klaren sein, dass wir nur einen Ausschnitt der Gesamtsituation beobachtet haben. Wir kennen nicht den Grund, den das Kind zum Weinen veranlasst hat. Solche und andere Zufallsbeobachtungen, die zur täglichen pädagogischen Arbeit gehören, sind bedeutsam, da wir oftmals unerwartete Einblicke über das Verhalten und die Eigenart des Kindes erhalten. Trotzdem dürfen wir uns nicht allein auf die Zufallsbeobachtung verlassen, wenn wir ein Kind besser kennen lernen wollen.

3.1 Beobachtungskriterien

Sollte Tina aus unserem Fallbeispiel in letzter Zeit häufiger weinen, dann drängen sich unterschiedliche Fragen auf, mit denen wir das Verhalten beobachten und deuten können.
Dabei können wir zum Beispiel fragen:

Wie verhält sich *Tina* in der Freispielzeit?

Wie verhält sich *Tina* im Garten?

Wie verhält sich *Tina* bei angeleiteten Angeboten?

Wie verhält sich *Tina* gegenüber ihren Spielkameraden?

Wie verhält sich *Tina* in der Konfliktsituation?

Wie geht *Tina* mit sich selbst um?

Wie verhält sich *Tina* gegenüber den Pädagogen?

Im Folgenden werden weitere Bereiche aufgelistet, die als Anregungen für Fragen dienen, unter denen wir ein oder mehrere Kinder beobachten und beurteilen können.

Körperbereich und motorisches Verhalten, zum Beispiel

- Gesamterscheinung wie Größe und Gewicht im Vergleich zu Gleichaltrigen (Durchschnittswert) sowie Haltung,
- Körperpflege insbesondere Kleidung,
- Handicaps wie Sehschwäche und Bewegungsstörung,
- motorische Unruhe,
- Gesichtsausdruck wie Mimik und Gestik,
- Essverhalten wie Besteck altersgerecht halten,
- Nägelkauen oder Haare drehen,
- Feinmotorik wie Faltarbeiten,
- Grobmotorik wie klettern.

Soziales Verhalten, zum Beispiel

- Kontaktfähigkeit,
- Verhalten zu den Erwachsenen,
- Verhalten in der Freispielzeit,
- Umgang mit Konflikten,
- Hilfsbereitschaft,
- Auffälligkeiten wie Wutausbrüche,
- Umgang mit sich selbst und anderen,
- Ablehnung durch andere Kinder oder gegenüber Kindern,
- Wechsel der Spielpartner oder allein spielen.

Sprachverhalten, zum Beispiel

- Störung des Redeflusses (stottern),
- überhastet sprechen (poltern),
- Laute weglassen oder ersetzen (stammeln),
- Sätze nicht altersgemäß formulieren (Dysgrammatismus),
- näseln (Dysglossie),
- vollständige oder teilweise Verweigerung von sprachlichen Kontakten gegenüber bestimmten Personen (Multismus),
- Hemmungen, in der Gruppe zu antworten,
- Babysprache,
- Sprachverständnis,
- Mitteilungsbedürfnis,
- Bereitschaft zuzuhören,
- Wortschatz,
- Sprechweise wie Dialekt und Artikulation,
- Sprachverhalten gegenüber Kindern,
- Sprachverhalten gegenüber Erwachsenen.

Spielverhalten, zum Beispiel

- Spielmaterialien, mit denen spontan gespielt wird,
- sachgemäßer Umgang mit dem Material,
- Spieldauer mit einem bestimmten Material,

- Spiele, die beendet oder nicht beendet werden,
- Ablehnung gegenüber bestimmten Spielen,
- Ablenkbarkeit beim Spielen,
- Motivation beim Spielen,
- Spielregeln, die behalten und eingehalten werden können,
- Hilfsbereitschaft gegenüber den Spielkameraden,
- Spielvariationen, die selbst gefunden werden,
- Einhaltung von Spielregeln,
- Umgang mit Niederlagen wie verlieren,
- Annahme von gelenkten Angeboten.

Lernverhalten, zum Beispiel

- Lernbereitschaft und Motivation,
- Ausdauer und Konzentration,
- Arbeitstempo,
- Ablenkbarkeit,
- Stören anderer Kinder,
- Verhalten bei Partner- und Gruppenarbeiten,
- Umgang mit Aufgaben.

Fragen, die sich der Erwachsene selbst stellen kann, zum Beispiel

- Wie verhalte ich mich gegenüber den Kindern?
- Wann greife ich in eine Konfliktsituation ein?
- Dürfen die Kinder selbst entscheiden, ob sie mitspielen wollen oder nicht?

- Inwieweit spiele ich selbst mit?
- Gehe ich auf die Bedürfnisse der Kinder ein?
- Gibt es Kinder die besondere Aufmerksamkeit benötigen?
- Welche Spielanregungen gebe ich den Kindern?
- Wie spreche ich mit den Kindern?

3.2 Methoden und Hilfsmittel der Beobachtung

Bleiben wir bei Tina, dem Kind, das in der Ecke sitzt und weint. Selbst wenn Tina heftig weint, muss sie noch lange keine tiefgreifenden Probleme haben.

So kann es sein, dass Tina zum Beispiel vor Wut, Frust, Enttäuschung oder wegen Bauchschmerzen weint. Es kann aber auch die Möglichkeit bestehen, dass Tina mit irgendeinem Problem nicht fertig wird und deshalb traurig ist.

Wenn wir also ein Kind genauer einschätzen möchten, müssen wir es sorgfältig beobachten. Dabei können wir uns entweder aktiv am Gruppengeschehen beteiligen *(aktiv-teilnehmende Beobachtung)* oder ein stiller Beobachter außerhalb des Gruppengeschehens sein *(passiv-teilnehmende Beobachtung)*.

Im Folgenden werden einige Methoden vorgestellt, die sich für den Vor- und Grundschulbereich eignen:

A.   Zufalls- beziehungsweise Gelegenheitsbeobachtung

Wie bereits erwähnt, geschieht diese Form der Beobachtung rein zufällig. Falls kein pädagogisches Handeln erforderlich ist, sollten die Kinder sich unbeobachtet fühlen, da sonst das Verhalten ein anderes sein kann. Die Anhaltspunkte, die durch die Zufallsbeobachtung entstehen, dienen als Orientierungshilfe für die systematische Kurzzeitbeobachtung.

B.   Systematische Kurzzeitbeobachtung

Die gezielte, geplante und überprüfbare Einzel- oder Gruppenbeo-
bachtung geschieht ebenfalls unauffällig, jedoch über einen längeren
Zeitraum. Die Beobachtung erfolgt mehrmals am Tag, dauert in der
Regel fünf bis zehn Minuten und sollte falls möglich zu bestimmten
Zeiten stattfinden. Das hat den Vorteil, dass nicht nur irgendwelche
Auffälligkeiten, sondern auch die Stärken der einzelnen Kinder be-
wusst wahrgenommen werden.

Damit wir möglichst kein verfälschtes Beobachtungsergebnis erhalten,
gibt es unterschiedliche Hilfsmittel, die sich zum Beobachten eignen
und mit dem Namen und dem Alter des Kindes sowie Datum und Uhr-
zeit versehen werden.

Das können unter anderem sein:

A.   Beobachtungsbogen

Es werden bestimmten Kategorien festgelegt, an die sich der Beobachter halten muss.

Um herauszufinden, in welchen Spielbereichen sich ein Kind häufig
aufhält und mit welchen Kindern es spielt, empfiehlt es sich, einen
Bogen anzufertigen, in dem die einzelnen Spielbereiche der Reihe
nach aufgelistet sind. Die Spielbereiche, in denen sich das Kind während der Beobachtungszeit aufhält, erhalten einen Strich oder werden
angekreuzt. Je nachdem, ob das Kind allein oder mit weiteren Kindern spielt, können hinter den Strichen oder Kreuzen die Namen der
einzelnen Spielkameraden notiert werden. Solche oder ähnliche Beo-
bachtungsbögen erhöhen zwar den objektiven Überblick, geben jedoch
keinerlei Aufschluss darüber, warum ein Kind zum Beispiel öfters den
Spielbereich wechselt oder gar alleine spielt.

B.   Soziogramm

Graphisch und relativ einfach wird die Anzahl der Kontaktaufnahmen
zwischen den einzelnen Kindern innerhalb einer Gruppe dargestellt.
Dabei werden die Namen der einzelnen Kinder auf ein Blatt Papier
notiert. Um jedoch mehr über die Beziehungen eines Kindes zu den
anderen Kindern zu erfahren, wird der Name des betreffenden Kindes
auf die Mitte des Blattes geschrieben. Danach wird jede Kontaktauf-

nahme durch einen Pfeil zu einem anderen Kind hin dargestellt. Um die sprachliche und körperliche Kontaktaufnahme zu unterscheiden können zwei verschiedene Farben für die Pfeile benutzet werden. Mit Hilfe des Soziogramms wird auf einen Blick festgestellt wer mit wem in Kontakt tritt oder nicht. Ein Schwachpunkt des Soziogramms besteht darin, dass überhaupt nichts über das, was die einzelnen Kinder äußern, in Erfahrung gebracht wird.

C. Beschreibendes Verhaltensprotokoll/ Anekdotische Verhaltensbeschreibung

Es wird alles über das Verhalten eines Kindes aufgeschrieben und gegebenenfalls durch die Schilderung des eigenen pädagogischen Verhaltens, den eigenen Vermutungen und Interpretationen ergänzt. Aussagen der Kinder werden wortwörtlich festgehalten. Deutungen, wie ein Kind schikaniert, sind zu vermeiden. Stattdessen werden alle Geschehnisse aufgeschrieben, die für die Beurteilung als bedeutsam gehalten werden.

Verhaltensprotokolle können durchaus hilfreich sein, sollten jedoch nicht ausschließlich für die Verhaltensbeurteilung herangezogen werden. Wie ein beschriebenes Verhaltensprotokoll in der Praxis erstellt werden kann, wird in Kapitel 3.4 geschildert.

D. Fremd- und Selbstbeobachtung

Wer Verhaltensweisen beobachtet und deutet, muss sich stets darüber bewusst sein, dass sein eigenes Verhalten in die pädagogische Arbeit einfließt. Wird einem das eigene Verhalten von anderen Personen bewusst gemacht, ist das eine wertvolle Hilfe, um es wahrzunehmen und wenn nötig in Zukunft zu verändern.

Zudem kann derjenige, der die Kinder beobachtet, seine eigenen Verhaltensweisen auch selbst unter die Lupe nehmen. Auf diese Weise können die Gründe herausgefunden werden, die zum Handeln in bestimmten Situationen veranlassen oder nicht. So kann ein Kind zum Beispiel nicht getröstet werden, weil die Lust dazu fehlt. In diesem Fall handelt es sich um ein egoistisches Motiv und die eigene Einstellung muss verändert werden. Es könnte auch sein, dass ein Kind deshalb nicht getröstet wird, weil das Kind den Eindruck macht, dass es sich durch Nichtbeachtung schneller wieder beruhigt. Dabei wird im Interesse des Kindes gehandelt.

3.3 Beurteilungsfehler bedenken

Damit wir die Verhaltensweisen eines Kindes relativ vorurteilsfrei deuten, müssen wir uns darüber bewusst sein, dass unsere Beobachtung nicht ganz ohne Fehler abläuft. Das Wissen um die gängigsten Beobachtungsfehler kann helfen, dass wir den einen oder anderen Beobachtungsfehler verbessern, einschränken oder erst gar nicht machen. Im Folgenden werden einige Beobachtungsfehler aufgelistet, die wir unbedingt zur Vermeidung einer Fehlbeurteilung beachten sollten.

A. *Äußere Faktoren*

Unerwartete Situationen wie ein Kinderstreit, Handwerkerlärm oder der oftmals hohe Geräuschpegel in der Einrichtung können ablenken und die Beobachtung beeinflussen. Zudem kann auch Straßenlärm, der durch offene Fenster verstärkt wahrgenommen wird, dazu führen, dass die Beobachtung gestört wird.

B. *Innere Faktoren*

Neben der allgemeinen Befindlichkeit wie Ermüdung, Nervosität oder Gereiztheit, können auch körperliche Leiden wie Schmerzen oder Fehlsichtigkeit die Beobachtung einschränken.

Zudem kann der Beobachter/die Beobachterin ...

- der oder die die Situation sofort deutet, dadurch voreingenommen sein,

- sich vom ersten Eindruck wie freundlichem Gesichtsausdruck oder Körperhaltung leiten lassen und der kann bekanntlich trügerisch sein,

- Motive von Verhaltensweisen vermuten,

- zu gut beurteilen, weil sonst zum Beispiel eine Auseinandersetzung mit den Eltern nötig wäre, die Angst macht,

- mehrere Kinder gleichzeitig beobachten und dabei das eine oder andere Verhaltenssignal übersehen,

- ein Kind zum Beispiel für intelligent halten und diese Eigenschaft auf alle passenden Situationen übertragen,

- dem Kind zum Beispiel ein mangelndes Selbstbewusstsein unterstellen, da man selbst darunter leidet,

- alle Eigenschaften als „gut" und „mittelmäßig" einschätzen und dabei vergessen, dass es unterschiedliche Ausprägungsgrade gibt,

- davon ausgehen, dass bestimmte Eigenschaften wie dick = träge oder groß = selbstbewusst stets in Kombination mit anderen auftreten,

- Merkmale eines Kindes übersehen, die sich zum Beispiel im Laufe des Kindergarten- oder Schuljahres verändert haben.

Die Auflistung der Beobachtungsfehler, die jederzeit ergänzt und erweitert werden kann, macht bewusst, dass wir keine vorschnellen Schlüsse aus den Verhaltensweisen der Kinder ziehen dürfen. Vielmehr müssen wir uns genau überlegen, warum wir das Kind gerade so und nicht anders einschätzen. Zudem können wir die Gefühle und Bedürfnisse, die den Verhaltensweisen zugrunde liegen, lediglich vermuten.

3.4 Beschreibendes Verhaltensprotokoll im Fall „Tina"

Anhand des Fallbeispiels „Tina" wird vorgestellt, wie ein beschreibendes Verhaltensprotokoll erstellt werden kann.

Das Kind: Tina ist fünf Jahre alt. Sie hat keine Geschwister und lebt mit ihren Eltern in der Neubausiedlung. Tinas Vater ist berufstätig, die Mutter ist Hausfrau. Seit einem dreiviertel Jahr besucht sie den Kindergarten.

Das Bild vom Kind: Tina ist häufig traurig und spielt allein. Jeden Morgen, wenn ihre Mutter sie in den Kindergarten bringt, fängt sie an zu weinen. Sie möchte nicht im Kindergarten bleiben und lässt sich von uns kaum beruhigen. Spielanregungen greift sie kaum auf.

Montag, 15. April ...

Beobachtungszeit von ... bis ...

Tina sitzt in der Puppenecke und spielt mit den Puppen. Eine Puppe legt sie in den Puppenwagen. Alexander holt sich den Puppenwagen. Tina wehrt sich nicht und wendet sich auch nicht hilfesuchend an uns.

Pädagogisches Verhalten
*Ich greife in die Situation ein und bitte Alexander, Tina den Puppen-
wagen zurückzugeben. Er lässt den Puppenwagen stehen und geht aus
der Puppenecke weg.*

Erklärungsversuch
Hat Tina Angst vor Alexander und wehrt sich deshalb nicht?

Donnerstag, 25. April ...

Beobachtungszeit von ... bis ...

Tina sitzt mit Carlo und Alexander am Maltisch. Carlo steht auf und
schaut Tinas Bild an, auf dem ein Männchen zu sehen ist. Carlo ruft:
„Was soll denn das sein? Du malst ja wie ein Baby!" Tina neigt den
Kopf und schweigt. Alexander ruft: „Tina ist ein Baby und sieht aus wie
eine Brillenschlage!" Tina steht auf, läuft in Richtung Flur und weint.

Interpretation
*Es ist mir bewusst geworden, dass Tina von Carlo und Alexander ge-
hänselt wird. Ich muss die beiden gezielt beobachten und herausfinden,
ob die Verhaltensweisen häufiger vorkommen. Falls ja, muss ich die
Gründe erfahren. Es kann sein, dass sich Tina deshalb nicht mehr
wehrt und traurig ist.*

Anmerkung
Für eine gezielte Beobachtung müssen wir natürlich mehrere Situationen genau beobachten und deuten. Dazwischen gibt es mit Sicherheit auch Situationen, die nichts mit den beiden Jungen zu tun haben.
Bemerken wir jedoch, dass Tina in letzter Zeit häufig von den beiden
Jungen gehänselt wird, dann handelt es sich um Schikanen, die wir
keinesfalls dulden dürfen!

Kapitel 4: Warum manche Kinder andere schikanieren

Warum plagen manche Kinder andere Kinder? Welche Motive haben die Kinder? Diese Fragen sind gar nicht so einfach zu beantworten. Denn es gibt viele Faktoren, die schikanöse Verhaltensweisen begünstigen können. Betrachten wir die einzelnen Fälle, fällt auf, dass immer verschiedene Faktoren zusammenwirken, die unterschiedlich stark ausgeprägt und sichtbar sein können. Aufgrund dessen gibt es niemals eine Ursache, auf die wir die Schikanen zurückführen können.

4.1 Mögliche Ursachen, die schikanöses Verhalten begünstigen

Schikanen unter Kindern müssen uns alarmieren, da die Folgen für die betroffenen Kinder oftmals fatal sind und diese sich insgesamt sehr negativ auf das Gruppenklima auswirken. Die Motive, die sich hinter den Schikanen verbergen, sind nicht immer leicht zu erkennen. Dennoch können unter anderem die folgenden Ursachen für Schikanen benannt werden:

Wut gegenüber einem Kind

Es gibt Kinder, die durch ihr eigenes aggressiv-provokantes Verhalten ihre Spielkameraden verärgern, so dass diese ebenfalls aggressiv reagieren und ihre Opfer gezielt attackieren, was natürlich ihr Verhalten nicht entschuldigt. Vielmehr müssen die Kinder verstehen, dass man mit Ärgernissen anders umgeht und die Opferkinder müssen lernen, soziale Verhaltensweisen für ein gutes Miteinander zu entwickeln.

Stärke/Macht

Kinder, die ihre Macht demonstrieren, sind oftmals den anderen Kindern körperlich, aber nicht geistig überlegen. Sie haben Anhänger, die sie für ihr Machtgehabe benützen. Ihre Opfer sind in der Regel schwächere Kinder, die sie vor den anderen Kindern bloßstellen und/oder schlagen. In Wirklichkeit verfügen sie über ein geringes Selbstwertgefühl.

Angst

Aus Angst, ebenfalls ausgegrenzt zu werden, schließen sich manche Kinder den Angreifern an und machen nicht selten bei den Schikanen mit. Hierbei können auch voyeuristische Verhaltensweisen beobachtet werden.

Eifersucht

Bestimmte Fähigkeiten oder Dinge, die ein Kind besitzt, aber auch Lob und Anerkennung, die ihm häufig und regelmäßig zuteil werden, können dazu führen, dass andere Kinder sich daneben ziemlich „klein" vorkommen und eine Wut im Bauch verspüren, die sich in Form aggressiver Verhaltensweisen äußern kann. In der Schule werden diese Kinder häufig als „Streber" bezeichnet.

Druck

Die Eltern verlangen zum Beispiel, dass ihr Kind überdurchschnittliche Leistungen beziehungsweise Schulnoten mit nach Hause bringt. Dabei kann sich das Kind massiv unter Druck gesetzt fühlen und den Druck weitergeben, indem es ein schwächeres Kind schikaniert.

Konkurrenz

Konkurrenz kann belebend sein, aber auch Angst machen. Das trifft vor allem dann zu, wenn einzelne Kinder befürchten, dass ihm ein anderes Kind seinen Platz in der Gruppe streitig macht. Das kann zum Beispiel passieren, wenn ein neues Kind in die Gruppe kommt oder zwei Kinder um die Gunst eines dritten Kindes buhlen.

Langeweile

Zwar führt Langeweile nicht grund-sätzlich dazu, dass manche Kinder andere Kinder plagen. Dennoch kann Langeweile der Auslöser sein, ein oder mehrere Kinder, die in der Regel nicht besonders beliebt sind, gezielt zu ärgern und fertig zu machen. Häufig entsteht ein „Katz- und Mausspiel", indem die Kinder ihrem Opfer etwas wegnehmen, so dass das Kind vor lauter Wut seinen Angreifern hinterherläuft. Dabei kön-nen die Kinder auch etwas, das dem Opferkind gehört, zum Beispiel ein ge-maltes Bild, zerreißen.

4.2 Warum Kinder ausgegrenzt werden können

Nicht immer wird erkannt, dass ein Kind aus der Gruppe schikaniert wird. Das hat nicht nur etwas mit Unaufmerksamkeit oder Unwissen-heit zu tun, sondern auch mit der Tatsache, dass die Grenzen zwischen dem, was gerade noch erlaubt und was nicht in Ordnung ist, fließend sind. Auch gibt es nicht das typische „Schikane"-Opfer, das anhand von verschiedenen Merkmalen sofort erkannt werden könnte.
Praxiserfahrungen haben jedoch gezeigt, dass manche Kinder schnel-ler ausgegrenzt werden, weil sie zum Beispiel ...

- sich wenig zutrauen,

- unsicher sind,

- ängstlich und hilflos reagieren,

- überangepasst sind,

- über eine geringe Frustrationstoleranz verfügen,

- gutgläubig und vertrauensvoll sind,

- zurückhaltend und schüchtern sind,
- neu in der Gruppe sind,
- einen Sprachfehler haben,
- mit Akzent sprechen,
- überdurchschnittlich gut in der Schule sind,
- eine bestimmte äußere Erscheinung haben wie extrem groß oder dünn,
- sich aggressiv-provokant verhalten,
- nicht die angesagtesten Kleider tragen oder Spielsachen besitzen,
- Eltern haben, die sich selbst kaum etwas leisten können,
- Eltern haben, die straffällig geworden sind.

Diese und andere Faktoren verdeutlichen, dass sie meist an irgendwelchen Äußerlichkeiten Anstoß nehmen. Da ist ein Kind zu dick, zu ungeschickt oder auffällig altmodisch gekleidet. Und wer nicht „in" ist und in der Gruppe mithält, kann schnell irgendwelche abfälligen Bemerkungen ernten und vom Gruppengeschehen isoliert werden.

Auffallend ist zudem, dass es unter den abgelehnten Kindern zwei Typen gibt, die sich folgendermaßen voneinander unterscheiden: Der eine Typ greift seine Spielkameraden oder Mitschüler an, indem er sie ärgert und provoziert. Er neigt zu aggressiven Verhaltensweisen und wird in der Regel von den schwächeren Kindern gemieden. Der andere Typ ist sehr angepasst, traut sich viel zu wenig zu und kann in bestimmten Situationen schlecht *nein* sagen. Er ist meistens schwächer und schüchterner als seine Altersgenossen und möchte es am liebsten allen recht machen. Nicht selten werden diese Kinder von den anderen Kindern ausgenutzt. Kinder begreifen meist schnell, bei wem sie sich was und wieviel erlauben können oder nicht. Eines haben beide Typen jedoch gemeinsam: Sie sind schlecht in die Gruppe integriert und haben kaum Freunde. Sie spielen entweder alleine oder mit Kindern, die in der Gruppe ebenfalls nicht sonderlich beliebt sind. Sie sind Außenseiter und nach Ansicht der Kinder für ihre Misere selbst verantwortlich. Das verdeutlichen auch Aussagen der Kinder wie: „Mit dem kann man nicht spielen, der macht immer alles kaputt!" oder „Die ist wie eine alte Schlaftablette!" Ähnlich wie bei Erwachsenen kann es aber auch sein, dass sich manche Kinder einfach nicht „riechen" beziehungsweise leiden können.

4.3 Faktoren, die Schikanen langfristig ermöglichen

Es gibt kein Patentrezept gegen Schikanen. Werden jedoch Schikanen unter Kindern nicht erkannt, kann das negative Verhalten aufrecht erhalten und in seiner Intensität gesteigert werden.

Das Opferkind, das sich oftmals von alleine nicht wehren kann, steht auf verlorenem Posten. Das bleibt auch den anderen Kindern in der Gruppe nicht verborgen. Zudem erhalten Kinder, die keinerlei Konsequenzen auf ihr unerwünschtes Verhalten erfahren, ein unglaubliches Machtgefühl. Aus Angst, ebenfalls ausgegrenzt werden zu können, beteiligen sich manche Kinder als so genannte Mitläufer direkt oder indirekt an den Schikanen, indem sie zum Beispiel applaudieren und die Kinder zum Weitermachen ermutigen.

Hinzu kommt, dass viele Opferkinder lange Zeit alles über sich ergehen lassen und obendrein die Taten durch Lügen decken. So geben Opferkinder im Grundschulalter beispielsweise an, dass sie ihr Essensgeld auf dem Schulweg verloren haben, das in Wirklichkeit von irgendwelchen Mitschülern erpresst worden ist.

Eine weitere Ursache, dass Schikanehandlungen erfolgreich weiter ausgeführt werden, liegt an der Art und Weise, wie gegen Schikanen vorgegangen wird. Ein negatives Beispiel ist sicherlich das Bestrafen mit dem damit verbundenen Wunsch, dass das unerwünschte Verhalten in Zukunft unterbleibe. Es ist jedoch erwiesen, dass derartige Maßnahmen langfristig nicht den gewünschten Erfolg bringen. Denn die Kinder werden in der Regel nur für kurze Zeit ihr negatives Verhalten einstellen. Stattdessen lernen sie, das unerwünschte Verhalten heimlich beziehungsweise hinter dem Rücken der Erwachsenen erfolgreich fortzusetzen. Darüber hinaus sind die Kinder durch die Bestrafungen häufig nicht mehr in der Lage, sich auf ein klärendes Gespräch einzulassen und ihr Verhalten zu reflektieren. Das hat zur Folge, dass die gewünschten Verhaltensweisen auch in Zukunft ausbleiben. Zu alldem erhöht häufiges Strafen die Wahrscheinlichkeit, dass die Kinder aus Angst lügen und ihre innere Wut an schwächeren Kindern auslassen.

Kapitel 5: Schikane und die Folgen für die betroffenen Kinder

Kinder, die schikaniert werden, wissen meist nicht, was eigentlich schief gelaufen ist. Sie sind extrem verunsichert und suchen den Fehler oft bei sich selbst. Dadurch, dass sie mit ihrer unerträglichen Situation schlecht zurecht kommen und an Selbstbewusstsein verlieren, haben sie häufig Angst, sich mit ihrem Schmerz einem Erwachsenen anzuvertrauen. In Anbetracht der Situation ist das verständlich. Denn wer von den Kindern möchte schon ein Außenseiter sein und obendrein als Verräter vor der Gruppe dastehen?

5.1 Die körperlichen Auswirkungen

Körperliche Beschwerden werden meist von den Eltern schnell erkannt. Sie gehen mit ihrem Kind in der Regel zum Kinderarzt und erwarten, dass dieser ihrem Kind hilft. Dadurch, dass der Arzt wohl kaum etwas von den Schikanen mitbekommen hat und die Kinder eher nicht darüber reden, ist er auf die Aussagen der Eltern angewiesen. Viele Eltern sind sich jedoch nicht darüber im Klaren, dass ihr Kind schikaniert wird und glauben, dass ihr Kind simuliert. Das Gefühl, unglaubwürdig zu sein, erhöht den seelischen Druck, der bei den Opferkindern tief unter die Haut geht.

Es können unter anderem folgende körperliche Reaktionen beobachtet werden:

* Magen- und Darmbeschwerden,

* Müdigkeit,

* Kopfschmerzen,

* Schlaflosigkeit,

* Herzklopfen,

- Druck auf der Brust,

- Übelkeit bis zu Erbrechen,

- Zittern,

- Alpträume,

- Muskelverspannung im Schulterbereich oder Zähne knirschen,

- Nägelbeißen,

- Lippennagen,

- Schweißausbrüche wie feuchte Hände,

- Hautkrankheiten,

- Appetitlosigkeit oder Esssucht,

- Konzentrationsstörungen,

- Unruhe,

- Stottern,

- Atemnot bis hin zu Asthma.

Die aufgelisteten Symptome können in Verbindung miteinander auftreten und werden unterschiedlich wahrgenommen und empfunden. Dadurch, dass das Immunsystem der Opferkinder geschwächt ist, fällt auf, dass sie häufiger krank werden als andere Kinder. Meist haben sie viele Fehltage und signalisieren unbewusst, dass mit ihnen irgend etwas nicht stimmt.

Das wird unter anderem durch die Körperhaltung und den Gesichtsausdruck des Kindes verdeutlicht, die viel über die Befindlichkeit aussagen. Denn Kinder, die unter Psychostress leiden, sind mehr als unglücklich und zeigen das auch: Sie lassen ihre Schultern hängen, senken ihren Blick und schauen traurig aus. Ähnlich wie ein Vogelstrauß, der seinen Kopf in den Sand steckt und wartet, bis die Gefahr vorüber ist, hoffen die Opferkinder, dass die Angreifer von selbst das Feld räumen beziehungsweise sie endlich in Ruhe lassen. Dadurch, dass die Opferkinder selten etwas zu lachen haben, neigen sie viel eher dazu, ihre Mundwinkel nach unten zu ziehen oder nervös an ihren Kleidungsstücken herumzuzupfen. Sie fangen auch viel schneller zu weinen an. Anders jedoch als das Weinen aus Wut, bei dem die Kinder häufig energisch die Faust auf den Tisch hauen und mit den Füßen stampfen, geschieht das Weinen aus Traurigkeit eher unbemerkt und in einer „stillen Ecke".

Auffällig ist, dass die Opferkinder sich entweder zurückziehen oder verstärkt den Körperkontakt suchen. Sie verstecken sich zum Beispiel hinter ihrer Bezugsperson, um sich vor ihren Angreifern unsichtbar zu machen. Manchmal halten sie die Hand des Erwachsenen ganz fest oder versuchen ihn zu klammern, bis dieser fast das Gleichgewicht verliert.

Und wie verhalten sich die Opferkinder in Situationen, denen sie sich nicht entziehen können? Beobachtungen wie im Stuhlkreis zeigen, dass manche Opferkinder ihre Füße um das Stuhlbein schlingen oder auf ihre Hände sitzen. Andere Opferkinder sitzen mit verschränkten Armen und zusammengepressten Beinen auf ihrem Stuhl und wirken dadurch sehr verschlossen. Auch können die Opferkinder unentwegt auf dem Stuhl hin und her rutschen oder ihren Oberkörper auf und ab bewegen. Es ist ein Ausdruck der inneren Bewegtheit des Kindes und im Grunde genommen eine gute Möglichkeit, um sich selbst zu beruhigen und zu trösten.

5.2   Die seelischen Auswirkungen

Neben den körperlichen Reaktionen gibt es eine ganze Reihe seelischer Reaktionen, die in engem Zusammenhang zueinander stehen. So ist ein krankes Kind häufig lustlos, müde und passiv. Ebenso wird ein Kind, das einen seelischen Druck verspürt, viel eher mit körperlichen Schmerzen reagieren. Das geschieht vor allem dann, wenn das Kind über einen längeren Zeitraum all das, was es belastet, unterdrückt. Das Gefühl, in der Gruppe nicht dazuzugehören und keinen Einfluss auf die Schikanehandlungen zu haben, bewirkt häufig, dass die Kinder sehr widerwillig und mit allergrößtem Protest den Kindergarten oder die Schule besuchen. Sie werden zornig, weinen oder sagen, dass sie krank sind. Meist verlangen die Kinder, dass sie von einem Elternteil möglichst direkt vor den Eingangsbereich gefahren oder gar Hand in Hand in die Einrichtung gebracht werden. Kinder, die alleine in die Einrichtung gehen müssen, kommen häufig zu spät. In der Schule fällt den Lehrern auf, dass die Kinder stets als Letzte in die Pause gehen oder den Schulhof verlassen. Hinzu kommt, dass viele Opferkinder in ihrer Leistung nachlassen und dadurch schlechtere Noten erhalten. Werden die Kinder gefragt, was mit ihnen los sei, sind sie nicht in der Lage, eine nachvollziehbare Aussage über ihr Verhalten zu geben. Stattdessen werden Ausreden erfunden und Entschuldigungen gesucht. Die Tatsache, dass die Opferkinder, selbst wenn sie wollten, nichts sagen können, verdeutlicht, wie sehr sie unter dem Psychoterror leiden. Es können unter anderem folgende psychische Reaktionen festgestellt werden:

- Angst,
- Hilflosigkeit,
- Unsicherheit,
- Machtlosigkeit,
- Kummer,
- Einsamkeit,
- Scham wegen den eigenen Gefühlen,
- Verlust des Selbstwertgefühls,
- Gefühl der Leere,
- Verzweiflung,
- Wut,
- Aggressivität,
- Gereiztheit,
- Überempfindlichkeit,
- Schuldgefühle,
- schlechte Laune,
- Lustlosigkeit,
- Rückzug aus sozialen Bezügen,
- depressive Verstimmungen,
- Suizidgedanken bis hin zum vollzogenen Suizid (bei ältern Kindern).

Ähnlich wie bei den körperlichen Reaktionen können die genannten Symptome unterschiedlich stark und in Kombination miteinander auftreten. Unabhängig davon, wird durch die Auflistung der Symptome eindrucksvoll verdeutlicht, wie sehr sich die Lebensqualität der Opferkinder vermindert. Das Gefühl, schutzlos den Schikanehandlungen ausgeliefert zu sein, tragen die Kinder natürlich auch mit nach Hause. „Was wird wohl morgen wieder passieren?", ist die zentrale Frage, die den Opferkindern unaufhörlich im Kopf herumkreist. Und selbst wenn die Opferkinder in ihrer Freizeit immer wieder von ihrem eigentlichen Problem abgelenkt werden und Zerstreuung erfahren, wird den Kindern allerspätestens bei der Gutenachtgeschichte bewusst, dass in wenigen Stunden bereits der Wecker klingeln und der Psychoterror von vorne beginnen wird.

5.3 Die Rolle der betroffenen Kinder in der Gruppe

Stimmt das Gruppenklima, spüren das selbst die neuen Kinder, die zum ersten Mal den Gruppenraum betreten und den anderen Kinder begegnen. Sie merken rasch, ob sie in der Gruppe willkommen sind oder nicht. Aber auch die „alt eingesessenen" Kinder brauchen das Gefühl, von der Gruppe akzeptiert und angenommen zu sein. Das setzt jedoch voraus, dass sie ihren Platz in der Gruppe finden und sich wohl fühlen. Erst dann können sie sich öffnen, ihre Ideen einbringen und sich aktiv am Gruppengeschehen beteiligen.

Wird jedoch ein Kind permanent von der Gruppe drangsaliert, beschimpft und sozial ausgegrenzt, entsteht ein unglaublich großer Leidensdruck, den das betreffende Kind selbst kaum bewältigen kann. Es gerät in eine Außenseiterrolle, die es unter keinen Umständen freiwillig wählen würde. Das bleibt natürlich nicht ohne Konsequenzen für das betroffene Kind, aber auch für alle anderen Kinder in der Gruppe. Denn Schikanen sind ein Ausdruck dafür, dass insgesamt etwas in der Gruppe nicht stimmt. Die Probleme unter den Kindern werden unzureichend thematisiert und können von den Kindern selbst nicht friedlich geregelt werden. Darunter leiden nicht nur im hohen Maße das Selbstwertgefühl des Kindes, sondern auch die soziale Beziehungsqualität in der Gruppe. Alltägliche Dinge wie aufeinander zugehen, miteinander Kontakte knüpfen, spielen und Spaß haben, sind unter den Kindern nicht spontan möglich, so dass ihnen wichtige Erfahrungen und Erlebnisse fehlen, die für ein gutes soziales Klima in der Gruppe förderlich sind.

Trotzdem scheint es auf den ersten Blick für viele Kinder nicht besonders unangenehm zu sein, ein „Außenseiterkind" in der Gruppe zu haben. Zum einem brauchen Kinder, die sich im Kreise der Freunde befinden, nicht zu befürchten, dass sie selbst zur Zielscheibe der Attacken werden und zum anderen gibt es in der Gruppe endlich einen „Sündenbock", der für alle Vorfälle, die in der Gruppe passieren, verantwortlich gemacht werden kann. Das Gefühl, mit dem Rücken zur Wand zu stehen, nicht gehört und verstanden zu werden, führt häufig dazu, dass sich die Opferkinder zurückziehen und sich immer weniger zutrauen.

Manche Opferkinder werden jedoch aggressiv, indem sie vor lauter Wut über so viel Ungerechtigkeit zum Beispiel die Sachen der anderen Kinder zerstören, ihre „Feinde" beschimpfen, anspucken oder gar schlagen.

Teil II

Kapitel 6: Hilfsangebote für die gesamte Gruppe

Hänseln, nachäffen, für dumm erklären und ausgrenzen können fatale Folgen haben, welche dem betroffenen Kind nicht bewusst sind. Je länger die Schikanen dauern desto wahrscheinlicher sind körperliche und seelische Reaktionen, welche die betroffenen Kinder in ihrer Gesundheit und Persönlichkeitsentwicklung stark beeinträchtigen können. Aus diesem Grund brauchen die Opferkinder dringend unsere Unterstützung.

Weil jedoch Schikanen kein individuelles Problem zwischen dem Täterkind und dem Opferkind sind, sondern viel mit dem sozialen Klima in einer Gruppe zu tun haben, sollten möglichst alle Kinder bei den unten aufgeführten Spielideen und Angeboten teilnehmen, die nicht zuletzt zur Vorbeugung von Schikanen eingesetzt werden können.

6.1 Sich selbst und andere wertschätzen

Damit sich das Opferkind aus der „Sündenbockrolle" befreien und wieder in die Gruppe integriert werden kann, müssen wir in erster Linie herausfinden, wo die Stärken des betroffenen Kindes sind, die insbesondere für die Gruppe genutzt werden können. Wir müssen dem betroffenen Kind den erforderlichen Freiraum geben, um sich selbst ausprobieren und eigene Erfahrungen sammeln zu können. Auf diese Weise kann das Kind seine Fähigkeiten entdecken und selber entscheiden, wie viel Integration es zurzeit zulassen kann. Erst wenn das betroffene Kind spürt, dass wir es mit all seinen Stärken und Schwächen akzeptieren, wird es sich langsam öffnen und wieder ein Vertrauen zu der Gruppe aufbauen. Das darf jedoch nicht einseitig geschehen. Deshalb müssen wir parallel dazu den anderen Kindern Wege aufzeigen, die ihnen helfen, ihr Verhalten gegenüber dem betroffenen Kind zu korrigieren, so dass eine Basis für gutes Miteinander geschaffen werden kann.

Neben klärenden Gesprächen haben sich die nachfolgenden Spielideen bewährt, bei denen Kinder sich selbst und andere wahrnehmen und dadurch bewusst kennen lernen. Schritt für Schritt lernen die Kinder, Vertrauen in ihre Fähigkeiten zu entwickeln, die Vielfältigkeit in der Gruppe zu schätzen und ihre Meinung weniger von anderen abhängig zu machen.

Hobby-Ratespiel   *Kennenlern / Vertrauen in eigene Fähigkeit*

Kinder können unterschiedliche Hobbys und somit Stärken haben, die sie durch das folgende Spiel bewusst kennen lernen. Dabei können sie so ganz nebenbei Gemeinsamkeiten entdecken, die sie untereinander verbinden.

Spieler/innen: ab 5 Kinder

Ein Kind geht vor die Türe und wartet geduldig ab, bis ein beliebiges Kind ein Hobby, das es besonders gerne ausübt, genannt und ein weiteres Kind aus der Gruppe ausgesucht hat, das sein Hobby pantomimisch vorstellen darf. Während sich dieses nun in die Kreismitte stellt, wird das draußen wartende Kind wieder hereingebeten. Aufmerksam beobachtet es dann, wie das Kind in der Kreismitte zum Beispiel so tut, als ob es einen Ball wegkicken würde. Erkennt es, dass das Kind Fußball spielt, beginnt die Raterunde. Wer von den Kindern hat wohl das zu erratende Hobby genannt? Auf der Suche nach dem Kind, kann es durchaus sein, dass mehrere Kinder gefunden werden, die das gleiche Hobby haben.

Das, was mir an dir gefällt!   *Kompliment / jeder kommt dran*

Sagen, was einem positiv bei einem anderen aufgefallen ist, fördert die Kommunikation und die gegenseitig Wertschätzung.

Spieler/innen: ab 4 Kinder

Die Kinder bilden einen Kreis und wählen aus ihrer Mitte ein Kind aus, das mit dem Spiel beginnt.
Blitzschnell geht das Kind auf ein anderes Kind zu und sagt spontan, was ihm an dem Kind besonders gut gefällt. Konnte das Kind die Auf-

gabe erfüllen, dann wechseln die beiden Kinder miteinander die Plätze, so dass das Kind in der Kreismitte das Spiel fortsetzt. Erst wenn alle Kinder an der Reihe gewesen sind und einem anderen Kind ein Kompliment machen konnten, ist das Spiel beendet.

Vorschläge für weitere Spielrunden:

- Positive Wünsche weitergeben, zum Beispiel: „Ich wünsche dir *viel Sonnenschein!*"

- Aussehen, zum Beispiel: „ Mir gefallen *deine Augen!*"

- Fähigkeiten von anderen, die man selbst gerne besitzen würde, zum Beispiel: „Ich würde gerne so gut rechnen können wie du!"

Weißt du, was ich kann?

Für das unten aufgeführte Spiel sollten sich die Kinder etwas besser kennen. Auf diese Weise lassen sich die Fähigkeiten der einzelnen Kinder gut einschätzen.

Material: Sofortbildkamera, Kieselsteine   *Bilder verdeckt auf*
Spieler/innen: ab 5 Kinder   *d Tis.*

Vorbereitung
Die Spielleitung macht von jedem Kind ein Bild mit einer Sofortbildkamera.

Spielverlauf
Alle Kinder sitzen um einen Tisch herum und legen die Fotos verdeckt auf den Tisch. Die Kinder zählen ein Kind aus, das ein beliebiges Foto umdreht. Sieht das Kind, um wen es sich auf dem Foto handelt, versucht es eine Fähigkeit zu erraten, die das betreffende Kind besonders gerne ausübt. Wird die Fähigkeit von dem Kind bestätigt, erhält das ratende Kind einen Kieselstein und dreht das Foto wieder um. Auf die gleiche Art setzt das rechts neben ihm sitzende Kind das Spiel fort. Sollte ein Kind sein eigenes Bild umdrehen, muss es eine Fähigkeit von sich selbst der Gruppe preisgeben und sein Bild wieder umdrehen. Danach kommt das nächste an die Reihe. Auf diese Weise geht das Spiel solange weiter, bis ein Kind drei Kieselsteine vor sich liegen hat.

Stopptanz – Zeit für Komplimente!

Ein Kompliment von einer anderen Person zu bekommen, macht stolz und zeigt, dass man anerkannt wird. In diesen Genuss können gleich alle Kinder kommen, indem sie folgendes Spiel ausprobieren:

Material: flotte Tanzmusik
Spieler/innen: ab 6 Kinder

Zum Rhythmus der Musik tanzen alle Kinder solange durch den Raum, bis die Spielleitung die Pausentaste drückt. Das ist das Startzeichen für die Kinder sich blitzschnell einen Partner zu suchen und diesem ein Kompliment zu machen. Dabei können die Kinder sich gegenseitig sagen, was ihnen positiv aufgefallen ist. Sobald jedoch die Tanzmusik wieder erklingt, verabschieden sich die Kinder wieder voneinander und starten eine neue Tanzrunde.

Beispiele für Satzanfänge mit Ich-Botschaften:

Ich finde gut an dir …

Mir ist aufgefallen, dass …

Ich finde, dass du gut …

Mir gefallen deine …

Ich würde gerne wie du gut …

„Starkes" Puzzle

Damit die Kinder nicht nur hören, sondern auch sehen, welche Fähigkeiten die einzelnen Kinder haben, eignet sich folgendes Spiel:

Material: für jedes Paar 1 Foto oder eine Zeichnung, worauf eine bestimmte Fähigkeit zu sehen ist, Scheren, flotte Tanzmusik
Spieler/innen: ab 8 Kinder

Die Kinder schneiden je ein Foto oder ein gezeichnetes Bild in zwei Hälften. Alle holen sich eine Bildhälfte und gehen zum Rhythmus der Musik durch den Raum. Begegnen sich zwei Kinder, tauschen sie ihre

Bildhälften miteinander aus. Das geht solange, bis die Spielleitung die Musik stoppt. Paarweise sollen sich die Kinder, welche die passenden Teile in den Händen halten, zusammenfinden und diese wie ein Puzzle auf den Boden legen. Die einzelnen Paare schauen sich ihr Bild genau an, auf dem zum Beispiel ein Radfahrer zu sehen ist, und teilen sich gegenseitig mit, ob sie auch Rad fahren können. Erklingt die Musik erneut, trennen sich die Kinder voneinander und tauschen bis zum nächsten Musikstopp ihre Bildhälften wieder untereinander aus.

Schaut mal her, wie ich Ball spielen kann!

Altbekannte Spiele wie „Die Reise nach Jerusalem" machen viel Spaß, haben jedoch den Nachteil, dass immer ein Kind ausscheiden muss. Ändert man das Spiel etwas ab, erleben die Kinder, dass zwar jeder ausscheiden, sich jedoch mit einer neuen Idee in die Gruppe einbringen kann.

Material: 1 Stuhl weniger als Anzahl der Kinder, für alle Kinder 1 Ball, flotte Tanzmusik
Spieler/innen: ab 4 Kinder

Bis auf ein Kind holen sich alle Kinder jeweils einen Stuhl. Dabei werden immer zwei Stühle mit den Lehnen aneinander gestellt, so dass zwei Stuhlreihen entstehen. Danach holen sich alle Kinder jeweils einen Ball und beobachten das Kind, wie es zum Beispiel seinen Ball beim Gehen auf den Boden prellt. Während nun die Spielleitung die Tanzmusik einschaltet, versuchen alle anderen Kinder die Spielart mit ihrem Ball nachzumachen und dabei um die beiden Stuhlreihen herumzugehen. Das geht solange, bis die Spielleitung die Pausentaste drückt und dadurch das Startzeichen zum Hinsetzen auf einen freien Stuhl gibt. Dasjenige Kind, das keinen freien Stuhl finden konnte, darf eine neue Spielart mit dem Ball vorstellen.
Beispiele für weitere Spielrunden:

Gehen und den Ball …

- zwischen die Beine klemmen,

- in die Luft werfen und auffangen,

- auf der flachen Hand transportieren,
- mit ausgestreckten Armen über den Kopf halten,
- mit den Füßen vor sich herrollen

◯ Rate mal, was ich kann!

Ratespiele, bei denen die Kinder pantomimisch ihre Fähigkeiten darstellen, machen Spaß, trainieren das Gedächtnis und fördern die Merkfähigkeit, so dass die Kinder ganz nebenbei die Fähigkeiten von anderen Kindern bewusst wahrnehmen lernen.

Material: 1 Handtrommel, für jedes zweite Kind 1 schmaler Krepppapierstreifen
Spieler/innen: ab 6 Kinder

Die Hälfte der Kinder aus der Gruppe überlegt sich eine bestimmte Fähigkeit, die sie besonders gut können. Alle anderen Kinder erhalten jeweils einen Krepppapierstreifen, den sie um einen Arm binden. Zum Rhythmus der Handtrommel gehen alle Kinder durch den Raum. Verstummt das Trommeln, müssen sich immer ein Kind mit und eines ohne Krepppapierstreifen zusammenfinden. Stehen sich die einzelnen Paare mit dem Gesicht gegenüber, stellt das Kind seine Fähigkeit pantomimisch vor, die das Partnerkind, das einen Krepppapierstreifen hat, erraten darf. Gelingt das Vorhaben, wechseln die Kinder ihre Rollen, indem das „Darstellerkind" den Krepppapierstreifen erhält. Ansonsten muss es den Krepppapierstreifen behalten. Sobald die Trommel erneut erklingt, verabschieden sich die Kinder voneinander und wiederholen das Spiel.

Wer am besten ...

Kinder wollen ihre Fähigkeiten zeigen und gelobt werden. Damit jedes Kind einmal im Mittelpunkt steht, sollte das folgende Spiel so lange fortgeführt werden, bis alle Kinder eine Fähigkeit benennen konnten.

Material: 1 Gymnastikreifen mehr als Anzahl der Kinder
Spieler/innen: ab 5 Kinder

Bis auf ein Kind bilden die Kinder Paare und holen sich jeweils einen Gymnastikreifen. Die einzelnen Paare legen ihre Gymnastikreifen nebeneinander auf den Boden und stellen sich in diese hinein. Dasjenige Kind, das kein Partnerkind hat, erhält zwei Gymnastikreifen, die es ebenfalls nebeneinander auf den Boden platziert. Das Kind stellt sich in einen freien Gymnastikreifen und sagt Folgendes: „Wer am besten in seinen Reifen hinein und wieder heraus hüpfen kann, darf zu mir kommen!" Das geht solange, bis das Kind „Stopp!" ruft. Es wählt eines der Kinder aus, das seiner Meinung nach die Aufgabe besonders gut bewältigen konnte. Dasjenige Kind darf sich neben das Kind in den freien Reifen stellen. Danach wiederholt das Kind, das neben sich einen Reifen liegen hat, das Spiel.

Vorschläge für weitere Spielrunden:
Den Reifen ...

• aufstellen, in eine Drehbewegung versetzen und loslassen,

• auf den Boden legen und balancieren,

• vor den Bauch halten und hineinsteigen,

• über den Kopf halten und sich auf Zehenspitzen stellen,

• aufstellen und hindurchkriechen etc.

6.2 Gefühle wahrnehmen und äußern

Gehässigkeiten, dumme Scherze und Gemeinheiten, die wir nicht mitbekommen, können nur unterbunden werden, wenn die Opferkinder lernen, über die Geschehnisse zu sprechen. Das setzt voraus, dass sie ihre Ängste überwinden, zu uns kommen und sich uns anvertrauen. Sie müssen wissen, dass sie den Schikanen nicht machtlos ausgeliefert sind. Unerwünschte Gefühle zulassen und begreifen, dass etwas nicht in Ordnung ist – das ist gar nicht so einfach! Spiele und Übungen, bei denen die Kinder unterschiedliche Gefühle bewusst kennen, benennen und einordnen lernen, können helfen, andere auch unerwünschte Gefühle mitzuteilen und über die negativen Erfahrungen zu sprechen. Und was tun Kinder, die über unzureichende Sprachkenntnisse verfügen oder ganz einfach schüchtern sind? Sie brauchen andere Möglichkeiten, um sich mitzuteilen.
Spiele und Übungen, bei denen zum großen Teil mit Bildern oder anderen Hilfsmitteln gearbeitet wird, sind geradezu ideal, sich über den eigenen Gefühlszustand bewusst zu werden und diesen ohne großartige Worte den anderen zu verdeutlichen. Auf diese Weise lernen die Kinder über ihre Gefühle und das, was sie bewegt, zu sprechen. Erleben Kinder, wie die anderen von ihren Gefühlen berichten, können sie mit Sicherheit auch Gemeinsamkeiten entdecken, die das Wir-Gefühl stärken.

Erkennst du, wie ich mich fühle?

Um die Stimmung des anderen bewusst wahrzunehmen und die eignen Empfindungen zu äußern, eignet sich folgendes Spiel:

Material: 10 Fotos mit jeweils zwei gleichen Gesichtsausdrücken
Spieler/innen: ab 3 Kinder

Vorbereitung
Ein Kind stellt fünf unterschiedliche Gesichtsausdrücke dar, von denen die Spielleitung jeweils zwei Fotos mit einer Sofortbildkamera macht.

Spielverlauf
Auf dem Tisch legt die Spielleitung die zehn Fotos auf einen Stapel, die jeweils zwei gleiche Gesichtsausdrücke wie fröhlich, traurig, wütend, müde und enttäuscht zeigen.

Eines der Kinder, die allesamt um den Tisch herumsitzen, nimmt sich den Stapel und sucht sich ein Bild heraus, das seine momentane Stimmung wiederspiegelt. Das Foto legt das Kind auf den Tisch und übergibt den Stapel seinem rechten Nachbarn, der das Foto, auf dem die gleiche Stimmung zu sehen ist, heraussucht. Erst danach versucht es, die Stimmung zu benennen. Bestätigt das Kind seine Vermutung, wird das Spiel mit allen Fotos wiederholt.

Gefühlslose

Kinder lieben Lose, da auf jedem Los ein Gewinn stehen kann. Doch wie geht man mit einer „Niete" beziehungsweise einem schlechten Gefühl um? – Das können die Kinder gleich selbst herausfinden.

Material: 1 Korb, für jedes Kind 1 Zettel und 1 Stift
Spieler/innen: ab 5 Kinder

Vorbereitung
Alle Kinder malen einen Gesichtsausdruck auf ihr Papier, der ihre momentane Stimmung verdeutlicht. Das Papier rollen sie wie ein Los zusammen und legen es in einen Korb.

Spielverlauf
Alle Kinder sitzen im Stuhlkreis. Einem beliebigen Kind blinzelt die Spielleitung zu, das aufstehen und sich ein Lose aus dem Korb herausholen darf. Das Kind rollt das Papier auf und schaut sich den Gesichtsausdruck an. Wählt es den eigenen Zettel, rollt es diesen wieder zusammen und tut ihn in den Korb zurück. Das Kind holt sich ein neues Los, rollt dieses auseinander und schaut sich den gezeichneten Gesichtsausdruck an. Es versucht das dazugehörige Kind zu finden, indem es auf ein Kind deutet. Schüttelt das Kind den Kopf, übergibt es den Zettel einem anderen, das sich auf die Suche macht. Nickt das vermutete Kind, fragt es dieses, warum es zum Beispiel so traurig ist. Vielleicht können die Kinder miteinander besprechen, was man tun kann, um wieder fröhlich zu sein. Wurden ein bis zwei Lösungswege gefunden, darf das Kind das Spiel fortsetzen und ein neues Los ziehen.

Etwas Gutes wie einen Schatz hüten

Material: 1 leerer großer Schuhkarton mit Deckel, Goldpapierschnipsel, Klebstoff, für jedes Kind 1 Malpapier und Wachsmalstifte
Spieler/innen: ab 3 Kinder

Bei dem folgenden Spiel lernen die Kinder bewusst alltägliche Situationen wahrzunehmen, die für sie mit angenehmen Gefühlen verbunden sind. Auf diese Weise lernen insbesondere Opferkinder, dass nicht alles im Leben schief laufen kann.

Vorbereitung
Mit Goldpapierschnipseln bekleben die Kinder eine leere Schuhschachtel mit Deckel.

Spielverlauf
Die Kinder überlegen sich eine Situation, die ihnen im Laufe der Woche am besten gefallen hat. Künstlerisch bringen sie das, was sie erlebt haben, zu Papier. Sind alle Bilder fertiggestellt, dann setzen sie sich in den Stuhlkreis.
In die Stuhlkreismitte platziert die Spielleitung die geöffnete „Schatzkiste". Ein beliebiges Kind beginnt, sein Bild in der Runde zu zeigen und über seine dargestellte Situation zu berichten. Dabei teilt es den anderen Kindern auch mit, wie es ihm dabei ergangen ist. Danach legt das Kind sein Bild in die „Schatzkiste" hinein und bittet ein weiteres darum, sein Bild vorzustellen. Erst wenn alle Bilder in der „Schatzkiste" liegen, legt die Spielleitung den Deckel auf den Karton und erklärt den Kindern, dass schöne Situationen gute Gefühlen erzeugen, die wie ein Schatz in unserem Herzen aufbewahrt werden können.

Gefühlsspirale

Material: 1 weißer DIN A3 Fotokarton, 1 Bleistift, 2 bis 3 rote Filzstifte, 1 Würfel, 8 Fotos oder Zeichnungen mit unterschiedlichen Gesichtsausdrücken, für jedes Kind 1 Spielfigur
Spieler/innen: ab 3 Kinder

Damit Kinder die breite Palette an Gefühlen bewusst wahrnehmen und besser einschätzen lernen, wie es einer anderen Person gerade geht, eignet sich folgendes Gesellschaftsspiel, das nicht zuletzt unglaublich viel Spaß macht:

Vorbereitung
Auf dem Fotokarton zeichnet die Spielleitung eine große Spirale und auf der Spirale circa 24 gleich große Spielfelder beziehungsweise Kreise. Jeden dritten Kreis malen die Kinder mit der Farbe Rot aus. Danach stellt jeweils ein Kind ein bis zwei unterschiedliche Gesichtsausdrücke dar, indem es zum Beispiel so tut, als ob es weinen oder wütend sein würde. Mit einer Sofortbildkamera werden die einzelnen Gesichtsausdrücke von der Spielleitung festgehalten.

Spielverlauf
Alle Kinder sitzen um den Tisch herum. Auf den Tisch platziert die Spielleitung das Spiel beziehungsweise den Fotokarton. Die Spielleitung teilt die Spielfiguren aus, welche die Kinder auf das erste Spielfeld der Spirale nebeneinander stellen. Das jüngste Kind würfelt und rückt entsprechend der gewürfelten Augenzahl mit seiner Spielfigur vor. Gelangt die Spielfigur auf einem roten Kreis, übergibt die Spielleitung dem Kind ein Foto mit irgendeinem Gesichtsausdruck. Wurde das Gefühl richtig erkannt, darf das Kind mit seiner Spielfigur einen Kreis vorrücken. Ansonsten stellt das Kind seine Spielfigur auf das Startfeld zurück. Reihum wird das Spiel auf diese Weise fortgesetzt, bis die Spielfigur eines Kindes den letzten Kreis auf der Spirale erreicht hat.

Den ersten Schritt machen

Spieler/innen: ab 8 Kinder

Es gehört viel Mut dazu, den ersten Schritt zu machen und einem anderen zu sagen, wie es einem gerade geht. Das können die Kinder durch das folgende Spiel üben:

Alle Kinder stellen sich in einer Reihe auf und blicken zu der Spielleitung, die mit dem Gesicht zugewandt vier Schritte entfernt vor den Kindern steht. Sie bittet die Kinder ihre Augen möglichst zu schließen und darüber nachzudenken, ob sie eher glücklich, wütend, traurig, müde oder gar enttäuscht sind. Anschließend dürfen alle Kinder wieder ihre Augen öffnen und die Spielleitung aufmerksam beobachten, die zum Beispiel auf der Stelle hüpft, die Arme in die Luft reißt und dabei ruft: „Ich bin glücklich!" Schließlich bittet die Spielleitung alle Kinder, die ebenfalls glücklich sind, vier große Schritte vorzutreten und sich der Gruppe mit dem Gesicht zuzuwenden, so dass sich alle Kinder gut sehen können. Nacheinander dürfen die Kinder berichten warum sie heute so glücklich sind. Danach stellt die Spielleitung ein neues Gefühl vor, indem sie zum Beispiel ...

- mit den Füßen auf den Boden stampft, die Hände zu Fäusten ballt und ruft: „Ich bin wütend!",

- so tut, als ob sie weinen würde und mit leiser Stimme schluchzt: „Ich bin traurig!",

- sich auf den Boden legt, gähnt und langsam sagt: „Ich bin müde!",

- den Kopf senkt und die Schultern hängen lässt und mit etwas tiefer Stimme sagt: „Ich bin enttäuscht!"

Stehen alle Kinder wieder in einer Reihe, ist das Spiel beendet.

Anmerkung
Bei Kindern, denen es gerade nicht so gut geht, dürfen sich alle Kinder überlegen was das Kind selbst und die Gruppe tun kann, damit sich die Stimmung verbessert.

Stimmungsseil

Um die momentane Stimmung ohne Worte zu schildern, eignen sich Bilder, welche die unterschiedlichen Stimmungen verdeutlichen.

Material: 1 Gymnastikseil, 3 DIN A4 Blätter, Wachsmalstifte
Spieler/innen: ab 1 Kind

Vorbereitung
Auf jeweils ein Blatt malen die Kinder eine große Sonne, ein paar Wolken und dicke Regentropfen. Auf dem Boden legen sie ein Seil aus, auf dessen eine Ende sie das Bild mit der Sonne und auf dessen anderen Ende sie das Bild mit den dicken Regentropfen platzieren. Auf der Mitte des Seils legen die Kinder das Blatt mit den Wolken.

Spielverlauf

Ein Kind aus der Gruppe überlegt sich, ob es eher glücklich oder unglücklich ist. Dementsprechend stellt sich das Kind neben einem Seilende auf. Weiß es nicht so recht, wie es sich momentan fühlt, stellt sich das Kind neben dem Bild mit den Wolken beziehungsweise neben die Seilmitte. Wer möchte, kann über seinen momentanen Gefühlszustand sprechen.

Stimmungsball

Material: 1 Softball
Spieler/innen: ab 1 Kind

Nicht alle Kinder können so ohne weiteres ihre Stimmung pantomimisch darstellen. Ein Ball kann jedoch ein gutes Hilfsmittel sein, um die momentane Stimmung mit ganzem Körpereinsatz zum Ausdruck zu bringen.

Alle Kinder stehen im Kreis. Ein Kind erhält einen Softball und überlegt, wie es ihm gerade geht. Ist das Kind wütend, ruft es laut: „Ich bin unglaublich wütend!" Es wirft den Ball mit ganzer Kraft in Richtung Kreismitte, so dass dieser auf dem Boden aufprallt. Reihum wird das Spiel im Kreis fortgesetzt. Konnten alle Kinder ihr Gefühl der Gruppe mitteilen und zeigen, versuchen die Kinder miteinander zu überlegen, was man gegen negative Gefühle, wie eine Wut im Bauch, machen kann.

Weitere Beispiele:

- Ich bin sehr glücklich (Ball in die Luft werfen und auffangen),

- ich bin so müde (Ball wie ein Kopfkissen benutzen),

- ich bin sehr traurig (Ball auf den Schoss legen und den Kopf in Richtung Ball neigen),

- ich bin sehr enttäuscht (Ball in eine Ecke legen und sich hinsetzen)

Behalten oder loswerden?

Damit die Kinder erkennen, dass sie belastende Gefühle auch wieder loswerden können, empfiehlt sich Folgendes:

Material: 1 Aktenvernichter, für jedes Kind 1 DIN A4 Blatt und Wachsmalstifte
Spieler/innen: ab 1 Kind

Alle Kinder überlegen sich, wie es ihnen gerade geht und malen den entsprechenden Gesichtsausdruck auf ihr Papier. Sind alle Bilder fertig, bilden die Kinder einen Stuhlkreis. In die Stuhlkreismitte platziert die Spielleitung einen Aktenvernichter. Der Reihe nach stellen die Kinder ihre Bilder vor und sagen, wie sie sich fühlen. Sie entscheiden selbst, ob sie ihr Gefühl behalten oder eher loswerden werden wollen. Ist das Letztere der Fall, überlegen die Kinder, was man gegen den negativen Gefühlszustand machen kann. Findet das Kind einen genannten Lösungsweg gut, darf es sein Bild mit Hilfe des Aktenvernichters zerstören.

6.3 Grenzen setzen und *nein* sagen lernen

„Bis hier hin und nicht weiter!", können wir gegenüber den Kindern äußern, die ihre Grenzen austesten wollen. Weil aber Situationen unterschiedlich gewertet werden können, sind die Grenzen nicht immer so eindeutig für Kinder ersichtlich.
Allerdings gibt es auch Situationen, bei denen wir uns völlig einig sind, dass sie unakzeptabel und auf jeden Fall zu unterbinden sind. Dazu gehören alle Schikanehandlungen und anderen unerwünschten Verhaltensweisen wie ungesteuerte Wutausbrüche. Aufgrund dessen, dass derartige Verhaltensweisen als sehr störend empfunden werden, greifen wir in der Regel schnell ein. Anders sieht es bei den Schikanehandlungen aus, die nicht immer gleich gesehen werden, jedoch keinesfalls erwünscht sind. In diesem Zusammenhang ist es wichtig, dass wir den Kindern ehrlich sagen, dass wir nicht alles beobachten oder erahnen können. Deshalb müssen Kinder frühzeitig lernen, auf ihr Gefühl im Bauch zu hören, sich gegenüber bestimmten Situationen abzugrenzen und eindeutig *nein* zu sagen.
Die folgenden Spielideen und Übungen sind eine gute Möglichkeit, um die eigene innere Grenze bewusst wahrzunehmen und sich ihrer bewusst zu werden. Die Kinder lernen in der einen oder anderen Spiel-

situation zu entscheiden, ob ein klares und lautes „Nein!" erforderlich ist oder nicht.

Ich zeige dir meine Grenze!

In brenzligen Situationen einem anderen eindeutig seine Grenzen zu zeigen, können die Kinder durch das folgende Spiel üben:

Material: für bis auf ein Kind jeweils 1 Gymnastikseil
Spieler/innen: ab 5 Kinder

Ein Kind spielt den Fänger und alle anderen Kinder erhalten jeweils ein Gymnastikseil. Auf ein Startzeichen der Spielleitung laufen alle Kinder so schnell wie möglich von dem Fänger weg. Fühlt sich ein Kind in die Enge getrieben, bleibt es stehen und legt das Seil vor seine Füße hin, das die Grenze darstellt. Jetzt darf das Kind nicht mehr gefangen werden. Glaubt das Kind außer Gefahr zu sein, nimmt es sein Seil und läuft wieder durch den Raum. Auf diese Art wird das Spiel so lange weitergeführt, bis ein Kind gefangen wurde, das in der neuen Spielrunde den Fänger darstellt.

Ich kann *nein* sagen

Tagtäglich müssen wir uns entscheiden, ob wir bestimmte Situationen oder Dinge gut finden oder verneinen sollen. Ein nein klar und deutlich zu formulieren, ist nicht immer leicht. Dennoch können die Kinder durch das folgende Spiel nein sagen lernen.

Spieler/innen: ab 5 Kinder

Ein Kind stellt sich mit dem Rücken zur Wand und alle anderen Kinder stellen sich an der gegenüberliegenden Wand in einer Reihe auf, so dass sie das Kind gut sehen können. Die Kinder rufen laut: „Dürfen wir einen Schritt nach vorne treten!" Daraufhin antwortet das Kind mit einem lauten „Ja!" Stehen alle Kinder wieder in einer Reihe, fragen sie erneut: „Dürfen wir zwei Schritte nach vorne treten?" Das Kind antwortet wieder mit „Ja!" Die Kinder gehen zwei Schritte nach vorne und fragen: „Dürfen wir drei Schritte nach vorne treten?" Glaubt das Kind, dass die Gruppe ihm zu nahe kommt beziehungsweise gleich die Wand erreicht, kann es laut und deutlich *nein* rufen. Das ist das Startzeichen, so schnell wie möglich wieder zum Ausgangsplatz zu laufen. Hat es ein Kind gefangen, werden die Rollen gewechselt.

Welches Tier darf zu dir kommen?

Bei diesem Spiel lernen die Kinder, selbst zu entscheiden, ob ein bestimmtes Tier zu ihnen kommen darf oder nicht.

Spieler/innen: ab 5 Kinder

Alle Kinder stehen im Kreis und bestimmen ein Kind, das sich ein beliebiges Tier überlegt, einem Kind zublinzelt und dieses fragt: „Ich bin ein *Schmetterling*, darf ich zu dir *fliegen*?" Antwortet das ausgewählte Kind mit „Ja!", tut das Kind so, als ob es fliegen würde und geht dabei in Richtung des Kindes. Stehen die beiden Kinder voreinander, wechseln sie miteinander ihre Plätze. Das Kind, das jetzt im Innenkreis steht, überlegt sich ein weiteres Tier, blinzelt einem neuen Kind zu und fragt: „Ich bin ein *Löwe*, darf ich zu dir *laufen*?" Antwortet das betreffende Kind mit *nein*, versucht das Kind sein Glück bei einem anderen Kind.

Die Grenze zeigen

Es gibt in bestimmten Situationen Grenzen, die wir verteidigen oder nicht einhalten wollen. Welche Grenzen gut oder eher unsinnig sind, können die Kinder vor dem Spiel miteinander besprechen.

Material: 1 Kreide
Spieler/innen: ab 6 Kinder

Das Spielfeld oder der Raum teilt die Spielleitung durch einen langen Kreidestich in zwei gleich große Hälften. Die Kinder bilden zwei gleich große Gruppen, die sich gegenüberstehen, so dass sich zwischen den beiden Gruppen die „Grenze" beziehungsweise der Kreidestrich befindet. Eine Gruppe bewacht die Grenze und versucht, die anderen Kinder zu berühren, welche die Grenze überschreiten wollen. Kinder, die sich bereits auf dem gegnerischen Spielfeld befinden, versuchen so schnell wie möglich zur Wand zu laufen. Das jedoch versuchen ein paar Kinder zu verhindern, indem sie hinterherlaufen. Diejenigen Kinder, welche die Wand berühren, haben erfolgreich die Grenze überschritten.

Ich stehe hinter dir!

Damit Kinder nicht zu Mitläufern werden und den Psychoterror auf irgendeine Art unterstützen, müssen wir ihr Unrechtsbewusstsein frühzeitig fördern.

Spieler/innen: ab 4 Kinder

Die Kinder bilden einen Innen- und Außenkreis, indem immer zwei Kinder sich direkt hintereinander stellen und dabei ihren Blick in Richtung Kreismitte zu der Spielleitung richten, die zum Beispiel sagt:

„Stell dir vor dein Vordermann/deine Vorderfrau …

… wird aufgrund eines Sprachfehlers gehänselt.

… kann seine Schuhe binden und wird gelobt.

… darf nicht mitspielen und wird ausgegrenzt.

… wird beschimpft und geschlagen.

… erhält von einem anderen Kind ein Spielzeugauto.

… zerreißt gemalte Bilder von anderen Kindern."

Bei jeder Situation, welche die Kinder im Außenkreis, nicht in Ordnung finden, umarmen sie ihr Partnerkind. Auf diese Weise wird signalisiert, dass sie sich ganz hinter das „Opferkind" stellen und somit nicht mit der Verhaltensweise einverstanden sind.

Stoppschild – bleibe stehen!

Ein Stoppschild ist ein gutes Zeichen, um sich ohne Worte in der Gruppe Gehör zu verschaffen oder dem anderen zu signalisieren: „Jetzt ist genug!"

Material: 1 DIN A3 Blatt, Wachsmalkreiden in den Farben Rot und 1 Bleistift
Spieler/innen: ab 3 Kinder

Vorbereitung
Die Kinder malen ein großes Stoppschild auf das Papier. Jüngeren Kindern zeichnet die Spielleitung ein Stoppschild zum Ausmalen.

Spielverlauf
Alle Kinder laufen möglichst schnell durch den Raum. Die Spielleitung, die in der Mitte des Raumes steht, hebt irgendwann das Stoppschild in die Luft. Die Kinder müssen sofort reagieren und stehen bleiben. Diejenigen Kinder, welche die Anweisung nicht befolgen, müssen in der nächsten Spielrunde solange ganz langsam durch den Raum gehen, bis die Spielleitung das „Stoppschild" erneut hochhebt. Bleiben die betreffenden Kinder jetzt auch stehen, dürfen sie zur Belohnung wieder ganz schnell durch den Raum laufen.

Wo hört der Spaß auf?

Welchen Bitten kann ich nachkommen und was ist absolut nicht in Ordnung? Das sind spannende Fragen, welche die Kinder sich durch das unten aufgeführte Spiel bewusst machen können.

Material: für jedes Kind 1 Kissen und 1 Stock
Spieler/innen: ab 1 Kind

Die Kinder bilden einen Kreis und setzen sich auf ihre Kissen. Die Spielleitung übergibt den einzelnen Kindern einen Stock, den sie auf ihren Schoss legen. Sind alle Kinder ganz leise, schildert ihnen die Spielleitung unterschiedliche Situationen. Immer wenn die Kinder der Meinung sind, dass sie mit der Situation nicht einverstanden sind, legen sie ihren Stock vor sich auf den Boden, um sich gegenüber der Situation klar abzugrenzen.

Beispiele:
Ein Kind bittet dich …
* ein Bild zu malen,

- ein anderes Kind nicht mitspielen zu lassen,

- die Teekanne zu holen,

- das Pausenbrot zu teilen,

- beim Jacke anziehen zu helfen,

- ein anderes Kind zu beschimpfen,

- ein anderes Kind zu schlagen.

Stopp! – Bleibe stehen!

Wie weit werde ich kommen? Kann ich ein „Stopp!" akzeptieren? Und was passiert, wenn ich das Stopp ignoriere? Diese Fragen lassen sich spielerisch folgendermaßen beantworten:

Spieler/innen: ab 4 Kinder

Bis auf ein Kind sitzen alle Kinder im Kreis. Das Kind, das in der Kreismitte steht, benennt eine Fortbewegungsart wie krabbeln. Auf ein Startzeichen des Kindes krabbeln alle Kinder so schnell wie möglich zu irgendeiner Wand. Irgendwann jedoch ruft das Kind laut und deutlich: „Halt!" Sofort müssen alle Kinder regungslos stehen bleiben. Diejenigen Kinder, die sich bewegen, bittet das Kind zu ihm zu kommen und abzuwarten, bis es eine neue Fortbewegungsart wie hüpfen nennt. Sollte es einem Kind gelingen, hüpfend zu einer Wand zu gelangen und diese zu berühren, werden die Rollen getauscht.

6.4   Mitmachgeschichte, um zu verstehen

Kinder lieben Geschichten, die sie interessieren und innerlich bewegen. Absolut motivierend sind Geschichten in Reimen, bei denen sie aktiv mitmachen und den Text leicht mitsprechen können. Sie entsprechen dem kindlichen Bewegungsdrang und helfen, die Spielhandlung wesentlich besser zu verfolgen und zu begreifen. Auf diese Weise wird die

Aufmerksamkeit geschult, die Motorik gefördert und das Gedächtnis trainiert. Dadurch, dass die Kinder unterschiedliche Rolle spielen, lernen sie sich in einzelne Figuren hineinzuversetzen und deren Handlungsweisen kennen. Allerdings sind Spielhandlungen, die sich mit dem Thema „Schikanen" beschäftigen, alles andere als lustig. Aus diesem Grund wurden die nachfolgenden Spielhandlungen bewusst aus dem Tierreich gewählt, bei denen die Kinder sich dennoch wiederfinden können. Die Tiere, denen oftmals typische Eigenschaften wie schnell, träge oder klug nachgesagt werden, tragen keine Namen, so dass sich niemand aus der

Gruppe direkt angesprochen fühlen kann. Vielmehr können die Kinder in unterschiedliche Rollen schlüpfen und dabei spielerisch erfahren, wie es der jeweiligen „Figur" gerade geht. Dabei lernen sie auch unterschiedliche Motive wie Neid und Eifersucht kennen, die Auslöser für Schikanehandlungen sein können. Damit die Kinder wirklich verinnerlichen, dass Schikanen nicht geduldet werden dürfen, sollten wir es nicht versäumen, die Probleme, die in den einzelnen Spielhandlungen angesprochen werden, zu thematisieren. Dabei können die unter den einzelnen Mitmachgeschichten aufgeführten Fragen helfen, welche die Kinder miteinander diskutieren können.

Ihr besitzt ja gar kein Haus!

Material: für bis auf drei Kinder jeweils 1 Stück Rinde
Spieler/innen: ab 7 Kinder

Das ist die Geschichte von drei Wegschnecken.
Sie leben in einem Garten mit vielen Hecken.
Auf allen Vieren knien sich drei Kinder auf den Boden und machen sich ganz klein. Um die drei Kinder herum bilden die übrigen Kinder einen Kreis und spielen Hainschnecken. Den Kindern, welche die

Hainschnecken spielen, legt die Spielleitung ein Stück Rinde auf den Rücken.

Früh am morgen gehen die drei Wegschnecken gemeinsam los.
Sie kriechen über die grünen Wiesen und das weiche Moos.
Langsam krabbeln drei Kinder im Kreis herum. Alle anderen Kinder bleiben regungslos stehen.

Von Ferne können sie einige Hainschnecken sehen.
Sie beschließen, zu den Hainschnecken zu gehen.
Die drei Kinder krabbeln auf die anderen Kinder zu.

Als die Hainschnecken die drei sehen, ist das Gelächter groß.
Eine von ihnen sagt: „Was ist mit diesen Schnecken bloß los?"
Die Kinder, welche die Hainschnecken spielen, fangen ganz laut zu lachen an.

Die drei Wegschnecken verstehen gar kein Wort.
Am liebsten wären sie jetzt ganz weit fort!
Die drei Kinder schauen sich fragend an.

Wieder fangen die Hainschnecken an, sie auszulachen.
Die drei Wegschnecken wissen nicht, warum sie das machen.
Alle Kinder, welche die Hainschnecken spielen, lachen. Während dessen schauen sich die drei Kinder fragend an.

Mit leiser Stimme wagen sich die drei Wegschnecken zu fragen:
„Was haben wir bloß getan? Könnt ihr uns das sagen?"
Die drei Kinder bewegen ihre Lippen und tun so, als ob sie leise fragen würden. Dabei neigen die drei Kinder ihren Kopf zur Brust.

„Seht euch an, ihr habt ja nicht einmal ein Haus!
So armselig geht doch niemand in die Natur hinaus!"
Die drei Kinder ernten abwertende Blicke und Gesten, welche die Spielleitung gegebenenfalls vormacht.

Die drei Wegschnecken schütteln den Kopf, denn das ist nicht nett.

Denn schließlich finden sie in der Natur überall ein weiches Bett.
Die drei Kinder schütteln voller Unverständnis ihren Kopf.

Die drei Wegschnecken sagen: „Euer Haus sieht tollt aus!
Wir sind jedoch ohne Haus fast so schnell wie eine Maus!"
Die Kinder krabbeln einmal ganz schnell im Kreis herum.

Alle Schnecken wollen jetzt ganz schnell im Kreis herumlaufen.
Bald jedoch können die Hainschnecken kaum mehr schnaufen!
Alle Kinder krabbeln solange im Kreis herum, bis die Hainschnecken stehen bleiben.

Sie sehen ihren Fehler ein und entschuldigen sich bei den drei Wegschnecken.
Zur Versöhnung veranstalten sie ein Fest hinter einer der vielen Hecken.
Die Kinder entschuldigen sich bei den drei Kindern.

Fragen, welche die Kinder miteinander diskutieren können:

1. Warum wurden die drei Wegschnecken ausgelacht?

2. Ist es wichtig, etwas zu besitzen, um in einer Gruppe aufgenommen zu werden?

3. Was konnten die drei Wegschnecken besser als die Hainschnecken?

4. Was haben die Hainschnecken am Ende begriffen?

3. Was schätzt ihr an euren Freunden?

Hau' ab – wir wollen unter uns sein!

Material: 1 Schwungtuch oder 1 großes Leintuch
Spieler/innen: ab 5 Kinder

In gewaltigen Schwärmen schwimmen sie im Meer umher.
Das Miteinander in der Gruppe gefällt den Sardinen sehr.
Bis auf ein Kind gehen die Kinder dicht beisammen durch den Raum und tun so, als ob sie schwimmen würden.

Ein einsamer Hai möchte in der Gruppe mitmachen.
Daraufhin beginnt die Gruppe ihn auszulachen.
Das Kind, welches den Hai spielt, geht auf die Gruppe zu und bleibt stehen. Die Gruppe fängt ganz laut zu lachen an.

„Du bist ein großer Hai und keine kleine Sardine!",
sagen die Fischchen mit einer ernsthaften Mine.
Alle Kinder schauen das Kind ernst an und geben ihm so zu verstehen, dass sie es nicht in der Gruppe haben wollen.

Der große Hai möchte jedoch nicht einfach aufgeben.
Deshalb fängt er an, viel Gutes über sich zu reden.
Das Kind macht sich groß und versucht, die anderen Kinder durch Gesten von sich zu überzeugen.

„Ich bin stark und kann euch überall Schutz geben!
Durch mich könnt ihr bestimmt viel länger leben!"
Das Kind deutet auf seine Muskeln und zeigt, wie stark es ist.

Die Sardinen schütteln den Kopf und müssen ganz laut lachen.
Denn der Hai erzählte ihrer Meinung nach ganz blöde Sachen.
Die Kinder schütteln ihren Kopf und lachen laut.

„Wir sind doch eine große Gruppe!", hört man sie sagen.
„Wir halten fest zusammen, ohne erst zu fragen!"
Die Kinder umarmen sich gegenseitig und zeigen, wie fest sie zusammenhalten.

So schwimmen die Sardinen dicht beisammen ins Meer hinaus.
Und der Hai? Er schwimmt hinterher so leise wie eine kleine Maus.
Dicht beisammen gehen die Kinder wieder durch den Raum und tun so, als ob sie schwimmen würden. Dabei folgt das Kind ganz leise der Gruppe.

Sie schwimmen dicht an den anderen Raubfischen vorbei.
Zu keinem Zeitpunkt hätte der Hai gedacht, dass das so sei!
Die Kinder stellen pantomimisch dar, wie sie an den imaginären Raubfischen vorbei schwimmen.

Doch plötzlich, welch' ein großer Schreck!
Auf einmal sind sämtliche kleine Sardinen weg!
Alle Kinder laufen zum Schwungtuch oder zu einem großen Leintuch, auf welches sie sich setzen.

In einem Fischernest kann man alle Sardinen sehen.
Und der Hai? Er möchte nicht, dass sie für immer gehen.
Das Kind geht um das Schwungtuch herum und denkt nach.

Er beißt in das Netz und macht ein großes Loch hinein.
Auf diese Weise können die Sardinen bald wieder frei sein.
Das Kind tut so, als ob es ein Loch in das Netz beziehungsweise Schwungtuch beißen würde.

Von diesem Tag an sahen es alle Sardinen ein.
Solch' ein Hai in der Gruppe zu haben, ist ganz fein!
Alle Kinder stehen auf und gehen auf das Kind zu, um es in ihre Mitte zu nehmen.

Fragen für die Gesprächsrunde:

1. Warum wurde der Hai von den Sardinen ausgelacht und abgelehnt?

2. Ist es für die Gruppe gut, wenn alle gleich sind?

3. Warum war es für die Gruppe gut, dass der Hai so hartnäckig geblieben ist?

4. Was haben die Sardinen gelernt, nachdem sie wieder in Freiheit waren?

5. Warum können neue Kinder auch gut für die bestehende Gruppe sein?

Was für eine hässliche Maus!

Das ist die Geschichte von einer grauen Maus.
Sie lebt in einem alten unbewohnten Haus.
Ein Kind kniet auf allen Vieren auf den Boden.

Gerne geht sie in den großen grünen Wald.
Irgendwann jedoch macht sie schließlich Halt.
Das Kind krabbelt solange durch den Raum, bis es stehen bleibt.

Sie bleibt regungslos und etwas ängstlich stehen.
Eine weiße Mäusegruppe kommt, soll sie gehen?
Das Kind schaut zu den anderen Kindern, die auf sie zukrabbeln.

Auf einmal stehen die weißen Mäuse vor der grauen Maus.
Sie schütteln den Kopf und sagen: „Wie siehst du denn aus!"
Alle Kinder krabbeln zu dem Kind, bleiben stehen und schütteln den Kopf.

„So eine hässliche Maus, haben wir noch nie gesehen."
Die Maus denkt: „Vielleicht sollte ich jetzt gehen?"
Die Kinder schauen das Kind abwertend an. Das Kind stellt pantomimisch dar, wie es nachdenkt.

Die graue Maus zittert und möchte am liebsten nicht hier sein.
Denn tief im Innern fühlt sie sich schlecht und ganz klein.
Das Kind macht sich ganz klein und tut so, als ob es zittern würde.

Die graue Maus geht nach Hause und erzählt alles ihrem Vater.
Der Vater sagt: „Was ist das bloß für ein Affentheater!"
Das Kind krabbelt zur Spielleitung, welche die Rolle des Vaters übernimmt.

„Ich werde dir helfen, denn das geht zu weit!
Für ein klärendes Gespräch nehmen wir uns viel Zeit!"

Während die Spielleitung die beiden Sätze sagt, nimmt es das Kind an die Hand.

Sie beschließen, zu den weißen Mäuschen zu gehen.
Alles Weitere wird man dann bestimmt sehen.
Miteinander krabbeln sie zu den anderen Kindern.

Das Gespräch mit den weißen Mäusen verläuft gut.
Das gibt der grauen Maus so richtig viel Mut.
Alle Kinder tun so, als ob sie miteinander sprechen würden.

Fortan wollen die weißen Mäuse nicht mehr gemein sein.
Das findet die graue Maus natürlich sehr fein.
Vor Freude streckt das Kind seine Arme in die Luft.

Ganz egal, ob hänseln, ärgern oder gar schlagen –
Ab sofort wird die graue Maus „Nein zu Schikanen" sagen!
Alle Kinder hören aufmerksam zu und rufen am Ende ganz laut „Nein zu Schikanen!"

Fragen, die zum Nachdenken anregen:

1. Warum wurde die graue Maus ausgelacht?

2. Ist es gut, dass die graue Maus sich ihrem Vater anvertraut hat?

3. Welche Verhaltensweise möchte die graue Maus nicht dulden?

4. Gibt es Verhaltensweisen, zu denen du auch laut und deutlich „Nein!" sagst?

5. Was würdest du tun, wenn ein anderes Kind ausgelacht und gehänselt wird?

Die neidischen Enten

Spieler/innen: ab 4 Kinder

Auf einem großen See schwimmt ein Schwan umher.
Er wird überall bewundert, das gefällt ihm sehr.
Ein Kind geht durch den Raum und tut so, als ob es schwimmen würde.

Schließlich ist der Schwan schön und schneeweiß.
Aber auch sehr eitel und stolz, wie jeder weiß.
Aufrecht und mit erhobenem Kopf geht das Kind langsam durch den Raum.

Das gefällt einigen Enten nicht besonders gut.
Sie sind neidisch und verspüren eine große Wut.
Die übrigen Kinder stehen beisammen und schauen neidisch auf das Kind. Sie tun so, als ob sie wütend wären.

„Du bist ganz blöd!", hört man sie zum Schwan sagen.
Am anderen Tag gehen sie achtlos an ihm vorbei, ohne ihn etwas zu fragen.
Die Kinder gehen auf das Kind zu und tun so, als ob sie sprechen würden. Schließlich gehen sie achtlos an dem Kind vorbei.

Immer wieder beschimpfen sie ihn oder lassen ihn stehen.
Deshalb kann man sehr häufig den Schwan weinen sehen.
Das Kind tut so, als ob es weinen würden.

Einsam schwimmt der Schwan ganz weit fort.
Er denkt nach und spricht dabei kein Wort.
Mit geneigten Kopf und hängenden Schultern geht das Kind nachdenklich durch den Raum und tut dabei so, als ob es schwimmen würde.

Doch plötzlich will er nicht mehr weiter weg.
Denn fortzulaufen, hat doch keinen Zweck.
Das Kind bleibt ruhig stehen.

Er schwimmt zurück und bleibt dann stehen.
Sicherlich wird er bald die Enten wieder sehen.
Das Kind geht wieder durch den Raum und tut so, als ob es schwimmen würde.

Die Enten sehen ihn und bleiben erschrocken stehen.
„Wollte der Schwan nicht vor Angst einfach weggehen?"
Die anderen Kinder blicken zu dem Kind und machen einen erschrockenen Gesichtsausdruck.

Die Enten bemerken, dass sie ihn nicht klein kriegen.
Und ohne einen Verlierer, macht es keinen Spaß, zu siegen.
Lustlos und gelangweilt stehen die Kinder im Raum.

Die Enten denken nach und finden ihr Verhalten nicht gut.
Um das dem Schwan zu sagen, brauchen sie viel Mut.
Die Kinder versuchen sich Mut zu machen, indem sie sich zum Beispiel gegenseitig auf die Schultern klopfen.

Die Enten gehen einen Schritt auf den Schwan zu.
Sie sprechen miteinander und von da an ist endlich Ruh'.
Die Kinder gehen auf das Kind zu und sprechen miteinander.

Fragen, die Gesprächsstoff bieten:

1. Weshalb hat der Schwan geweint?

2. Warum haben die Enten ihn beschimpft oder nicht beachtet?

3. Ist es gut, vor Schwierigkeiten davonzulaufen?

4. Weshalb hatten die Enten keine Lust mehr, den Schwan zu plagen?

5. Warum kostet es den Enten viel Mut, ihr negatives Verhalten zuzugeben?

Kapitel 7: Die Rolle
des Erwachsenen

Kinder haben einen natürlichen Entdeckungsdrang. Sie wollen sich bewegen und ihre Welt mit allen Sinnen erkunden und begreifen. Auch beobachten sie, was andere tun und imitieren bestimmte Verhaltensweisen. Dabei machen sie wichtige Lernerfahrungen, die sie für ihre Persönlichkeitsentwicklung brauchen. Im erzieherischen Bereich wird der Stellenwert des Lernens durch Beobachtung oftmals unterschätzt. Wollen wir jedoch, dass das Sozialverhalten der Kinder gefördert wird, müssen wir uns zunächst fragen, wie wir selbst mit den Kindern, Kollegen und anderen Personen im Alltag umgehen.

7.1 Die Vorbildwirkung
der Erwachsenen

Kinder beobachten und imitieren besonders gerne Verhaltensweisen, die anerkannt und belohnt werden. Aber auch Verhaltensweisen von Erwachsenen, zu denen sie eine herzliche und gute Beziehung haben, schenken sie ihre ganze Aufmerksamkeit. Zudem beobachten und imitieren Kinder häufig Verhaltensweisen von Erwachsenen, die in ihren Augen zum Beispiel einen hohen sozialen Status genießen, eine tolle Freizeitbeschäftigung haben, etwas Außergewöhnliches können, Macht ausüben oder attraktiv sind. Das erklärt auch, warum Kinder häufig die Verhaltensweisen von Actionhelden, bestimmten Fabelwesen, Fantasie-Märchenfiguren beobachten und nachahmen, die sie aus den Medien kennen. Dabei können sie eine Vielzahl von neuen Verhaltensweisen entdecken. Dadurch, dass auch eine Menge unerwünschter Verhaltensweisen erlernt werden können, ist es wichtig, dass wir diese gemeinsam mit den Kindern beleuchten und reflektieren. Auch müssen wir uns darüber bewusst sein, dass unsere Äußerungen, Handlungen und Emotionen entscheidend dazu beitragen, wie Kinder sich in Zukunft verhalten werden. Somit müssen wir im Umgang mit Kindern wissen, dass jederzeit unsere Verhaltensweisen beobachtet, nachgeahmt und erlernt werden können. Es ist also wichtig, ein angemessenes Modell für die Kinder zu sein, welches durchaus Fehler machen darf, zu diesen sich jedoch auch bekennen sollte.

7.2 Spielerisch Wut und Ängste abbauen helfen

Es gibt heikle Situationen, bei denen wir sofort eingreifen und handeln müssen, da sonst das Kind sich selbst oder einem anderen Schaden zufügt. Meist sind die betreffenden Kinder aufgeregt, erhitzt und häufig nicht in der Lage, aufeinander zuzugehen und ihr Problem auf eine andere Art aus der Welt zu schaffen. Sie müssen all ihrem Ärger, ihrem Frust und ihrer Wut erst einmal so richtig Luft machen können. Gleichzeitig muss das Opferkind, das häufig verunsichert ist und große Angst hat, wissen, dass wir eindeutig auf seiner Seite stehen. Das bedeutet, dass Kinder unterschiedliche Handlungsmöglichkeiten für den Umgang mit ihren jeweiligen Gefühlszuständen benötigen.

Die nachfolgenden Spielideen helfen ihnen, entweder ihre Wut im Bauch zu verringen oder ihre Unsicherheiten und Ängste zu überwinden. Denn sobald sich die Gemüter wieder beruhigt und die Kinder in ihre Fähigkeiten das nötige Vertrauen haben, fällt es ihnen wesentlich leichter, miteinander zu sprechen und eine faire Lösung für alle Beteiligten zu finden.

Wutsack

Material: 1 leerer Kartoffel- oder Stoffsack, etwas Stroh zum Füllen, 1 Stück Schnur
Spieler/innen: ab 1 Kind

Ein Wutsack lässt sich wie unten beschrieben kostengünstig herstellen und kann im Gegensatz zu einem Boxsack besonders vielfältig genutzt werden.

Vorbereitung

Die Kinder füllen einen leeren Kartoffel- oder Stoffsack mit Stroh und binden diesen mit einem Stück Schnur zu.

Der Wutsack ...

befindet sich im Raum und steht den Kindern jederzeit zur Verfügung. Denn immer, wenn ein Kind eine Wut im Bauch verspürt und sich abreagieren möchte, kann es den Sack zu Hilfe nehmen und gegen diesen mit bloßen Fäusten boxen. Außerdem können die Kinder den weichen Sack schütteln, drücken und bei Bedarf sogar durch den Raum kicken.

Trampelmatte

Vor Wut trampeln und schlagen, ohne sich selbst oder einer anderen Person weh zu tun, ist bei der folgenden Übung möglich.

Material: 1 Weichbodenmatte oder Matratze
Spieler/innen: ab 1 Kind

Eine Weichbodenmatte bietet nicht nur Sicherheit beim Turnen, sondern eignet sich auch dazu, Aggressionen abzubauen, indem das Kind zum Beispiel auf der Matte hüpft oder herumtrampelt. Zudem kann es sich auch mit dem Rücken auf die Matte legen und mit den Füßen kräftig strampeln.

Beruhigungslauf

Spieler/innen: ab 1 Kind

Laufen und schwitzen und dabei frische Luft einatmet, tut Körper, Geist und Seele gut. Und nach dem Lauf? Nimmt man vieles nicht mehr ganz so ernst! Das können die Kinder gleich selbst erleben, indem sie Folgendes machen:

Im Außengelände der Einrichtung kann das Kind zwei bis drei Runden laufen, um seinen Ärger und Stress zu verringen und sich letztendlich zu beruhigen. Es empfiehlt sich, mit dem betreffenden Kind mitzulaufen und dadurch das Tempo zu bestimmen. Während dem Laufen sollte sich das Kind unterhalten können. Nach dem „Beruhigungslauf" wird wohl kaum mehr ein Kind ein anderes ärgern oder schlagen. Vielmehr freuen sich die Kinder darüber, dass sie die Strecke so gut bewältigt haben.

Dem Ärger Luft machen

Negative Gefühle wie Ärger, Frust und Wut langsam herauslassen, können die Kinder folgendermaßen:

Material: 1 große Schüssel halbgefüllt mit Wasser, für jedes Kind 1 Strohhalm
Spieler/innen: ab 1 Kind

Auf einem Tisch befindet sich eine Schüssel mit Wasser. Um den Tisch herum sitzen bis zu vier Kinder, die jeweils einen Strohhalm in den Händen halten. Ein Kind beginnt und sagt zum Beispiel: „Ich habe eine Wut im Bauch!" oder „Ich bin stinksauer!" Das Kind hält ein Ende des Strohhalms ins Wasser, atmet tief ein, um möglichst doppelt so lange die Luft durch den Strohhalm in Richtung Wasser zu blasen. Indem das Wasser beim Ausatmen sprudelt, macht das Kind seinem Ärger langsam, aber sicher Luft!

Ruhiger Zeltplatz

Material: 1 Spielzelt
Spieler/innen: ab 1 Kind

In einem Zelt spielen, macht allen Kindern viel Spaß! Ein Zelt kann auch ein guter Rückzugsbereich sein, um ungestört nachdenken oder miteinander reden zu können.

Ein kleines Zelt, das zum Beispiel in einem Nebenraum oder im Flur steht, ist hervorragend dazu geeignet, um in aller Ruhe über das eigene unangemessene Verhalten oder das, was einen innerlich bewegt nachzudenken. Auch bietet sich ein Zelt an, um mit dem Opferkind in einem „geschützten" und kleinen Raum über dessen Sorgen und Nöte zu sprechen. Dadurch, dass sich das Kind nicht beobachtet fühlt, hat es erheblich weniger Angst, seine negativen Erfahrungen und Erlebnisse mitzuteilen.

Wut-Gymnastik

Die einfachen Mitmachverse, die sich reimen und Kinder zum Mitsprechen animieren, gehen leicht ins Ohr und helfen gut, negative Gefühle zu bewältigen.

Spieler/innen: ab 1 Kind

Die Kinder bilden einen Kreis und schauen in Richtung der Spielleitung, die ebenfalls im Kreis steht. Die Spielleitung spricht die einzelnen Zeilen laut und deutlich vor und macht dazu passende Bewegungen, welcher die Kinder nachmachen.

Trampeln mit den Füßen vor Wut,

komm' mach mit, denn das tut gut!

Klatschen mit den Händen vor Wut,

komm' mach mit, denn das tut gut!

In Richtung Decke springen vor Wut,

komm' mach mit, denn das tut gut!

In der Luft herumboxen vor Wut,

komm' mach mit, denn das tut gut!

Tief Luft holen und ausatmen vor Wut,

komm' mach mit, denn das tut gut!

Sicherlich fallen den Kindern noch weitere Dinge ein, wie sie ihre Wut im Bauch verringern können.

Beruhigungsmusik

Material: 1 kurzes Instrumentalstück mit Meeresrauschen zum Entspannen und Träumen
Spieler/innen: ab 1 Kind

Eine Musikentspannung ist beruhigend und hilft insbesondere Opferkindern, um zur Ruhe zu kommen und Kraft zu tanken.

Und so geht's:
Die Kinder ziehen möglichst ihre Schuhe aus und legen sich mit dem Rücken auf jeweils eine Decke. Sie winkeln ihre Arme leicht an und spreizen etwas ihre Beine. Zur Seite fallende Fußspitzen sind ein gutes Zeichen für Entspannung. Die Kinder schließen ihre Augen und stellen sich vor, dass sie am Strand verweilen. Die Spielleitung schaltet die Musik ein. Ist das Musikstück beendet, bittet die Spielleitung die Kinder, wieder langsam in den Raum zurück zu kommen, die Augen zu öffnen und die Hände zu Fäusten zu ballen, die sie in Richtung Decke recken und strecken. Bei den einzelnen Handlungen dürfen sich die Kinder ausreichend Zeit lassen. Danach stehen sie langsam über die Seitenlage auf und strecken ihre Arme in die Luft, so dass die Entspannung zu Gunsten der Spannung zurück genommen wird. Die Kinder bilden einen Sitzkreis und sprechen über ihre gemachten Erfahrungen und Erlebnisse.

Sport treiben und tanzen

Material: flotte Tanzmusik
Spieler/innen: ab 1 Kind

Sport und Musik können helfen, sich abzureagieren und auf andere Gedanken zu kommen. Auf diese Weise wird auch das Miteinander gefördert und dadurch das Wir-Gefühl gestärkt.

Zum Rhythmus einer flotten Tanzmusik hüpfen, in die Luft boxen oder so tun, als ob man Seil springen würde, macht Spaß und sorgt dafür, dass die Kinder in Bewegung kommen und all ihren Ärger und ihren Frust abbauen. Sind mehrere Kinder beteiligt, kann der Tanz auch im

Kreis durchgeführt werden. Nacheinander können die Kinder einzelne Bewegungen vormachen, welche die anderen Kinder nachahmen. Dabei können die Kinder im Takt der Musik ...

- so tun als, ob sie Fußball spielen würden,

- pantomimisch darstellen, wie sie Tennis spielen,

- so tun als, ob sie einen Ball auf den Boden prellen würden,

- zeigen, wie sie imaginäre Gewichte stemmen,

- auf der Stelle wie auf einem Laufband laufen.

7.3 Klärende Gespräche mit den Kindern führen

Wenn wir mit Kindern ein Gespräch führen, wenden wir auch nonverbale Kommunikationsmittel an. Durch Mimik, Gestik, Körperhaltung und Tonfall, merken selbst diejenigen Kinder, die nicht alle Worte verstehen, ob wir ihnen freundlich zugewandt sind oder nicht.

Nichtsprachliche Signale können jedoch auch falsch verstanden werden. So kann ein Kind zum Beispiel einen grimmigen Gesichtsausdruck machen, weil es schlechte Laune hat. Der Gesichtsausdruck kann jedoch bei uns den Anschein erwecken, als ob sich das Kind über irgend etwas ärgert. An diesem Beispiel wird deutlich, dass wir zwischen dem, was wir sehen und hören und dem, was wir vermuten, trennen müssen. Ansonsten kann es sehr schnell zu irgendwelchen Fehleinschätzungen kommen.

Die Sprache selbst ist das wichtigste Kommunikationsmittel. Durch Worte können wir uns gegenseitig sagen, wie wir uns fühlen, was wir denken, beobachten oder vermuten. Dennoch können Worte unterschiedlich aufgefasst werden. Das ist zum Beispiel der Fall, wenn wir nicht richtig zuhören oder mit unseren Gedanken abwesend sind.

Besonders schwierig sind klärende Gespräche, bei denen unerwünschte Verhaltensweisen thematisiert werden. Dabei ist es wichtig, dass wir von uns selbst und nicht von einem anderen sprechen. Sätze mit Ich-Botschaften wie „Wird ein Kind ausgegrenzt, werde ich richtig wütend, weil jeder von uns ein Teil der Gruppe ist und zum guten Miteinander beiträgt", macht den Kindern bewusst, warum wir wütend sind und das unerwünschte Verhalten nicht akzeptieren. Im Gegensatz zu den Du-Botschaften, bei denen die Kinder sich schnell angegriffen fühlen, sind sie viel eher bereit, sich auf ein klärendes Gespräch einzulassen und ihr Verhalten zu reflektieren. Persönliche Angriffe und Schuldzuweisungen, gegen die sich betreffende Kinder heftig wehren, sind also zu vermeiden. Aber auch andere so genannte Gesprächsblocker, bei denen wir zum Beispiel Vorwürfe machen, Moralpredigten halten, die Taten verharmlosen, gut gemeinte Ratschläge erteilen und nicht zuletzt das Opferkind bemitleiden, sind keinesfalls hilfreich. Vielmehr müssen wir die Kinder darin unterstützen, Lösungsmöglichkeiten zu erarbeiten, die zur Verbesserung des sozialen Klimas in der Gruppe beitragen. Damit das gelingt, sollten wir allen Kindern von Anfang an aktiv zuhören, indem wir die Gefühle und Empfindungen, die der Aussage zugrunde liegen, heraushören und in Worten zusammenfassen.

Wie Kinder sich durch aktives Zuhören richtig verstanden fühlen, wird mit Hilfe der drei Beispielsätze dargestellt:

Kind: *„Kein Kind möchte mit mir spielen!"*
Erzieher/in: *„Du fühlst dich hier allein und einsam!"*

Kind: *„Stefan will immer der Beste sein. Er sagt mir ständig, wie ich rechnen muss!"*
Lehrer/in: *„Du bist verärgert über Stefan, weil du selber die Rechenaufgaben lösen möchtest."*

Kind: *„Ich mache immer wieder einen Spielvorschlag, aber kein Kind hört mir zu!"*
Erzieher/in: *„Du hast das Gefühl, dass alles, was du machst, vergeblich ist!"*

Wer möchte, kann auch nur das, was das Kind gesagt hat, inhaltlich wiedergeben. Ähnlich wie das aktive Zuhören wird das Kind beim Paraphrasieren zum Weitersprechen ermutigt. Aber auch einfache Sätze wie „Du kannst mit mir über deine Probleme sprechen!" oder „Ich bin für dich da, wenn du mich brauchst!" signalisieren Gesprächsbereitschaft und helfen insbesondere Opferkindern, sich uns anzuvertrauen.

Anhand der Reaktion der Kinder lässt sich überprüfen, inwieweit wir sie richtig verstanden haben. Unabhängig davon sollten wir ihnen wenn möglich eine positive Rückmeldung geben. Aussagen wie „Ich finde deine Idee einfach super!" oder „Du hast dir wirklich viel Mühe gegeben!" zeigen ihnen, dass wir sie anerkennen und wertschätzen. Wurde gemeinsam eine zufriedenstellende Lösung gefunden, sollte diese von Zeit zur Zeit überprüft werden. Was war gut und was ist verbesserungswürdig, sind wichtige Fragen, mit denen die Kinder sich dann auseinander setzen.

Kapitel 8: Das Beratungsgespräch und seine Bedeutung

Wird ein Kind von anderen Kindern aus der Gruppe geplagt und sozial ausgegrenzt, dann geht das alle an, die mit der Erziehung des Kindes zu tun haben. Das Problem darf nicht nach Kindergarten- oder Schulschluss an die Eltern abgeben werden. Die Eltern müssen erfahren, wie es ihrem Kind geht und wie es sich in der Gruppe verhält. Probleme sollten jedoch nicht zwischen Tür und Angel, sondern am besten in einem Beratungsgespräch angesprochen werden, das eine wesentliche Form der Elternarbeit ist.

8.1 Das Beratungsgespräch gezielt vorbereiten

Das Beratungsgespräch wird entweder auf Wunsch der Eltern oder der Pädagogen durchgeführt. Werden Eltern eingeladen, können leicht Ängste und Befürchtungen in Bezug auf ihr Kind aufkommen. Damit ein Beratungsgespräch nicht zwangsläufig mit schlechten Nachrichten verbunden wird, sollten alle Eltern mindestens zweimal im Jahr zu einem Gesprächstermin eingeladen werden. Dennoch kann ein Beratungsgespräch, dessen Anlass ein Problem ist, auch den „alten Hasen" im Kollegenkreis schwer im Magen liegen. Eine gute Vorbereitung kann jedoch eine angenehme Atmosphäre schaffen und den Gesprächseinstieg erleichtern.

Folgende zwölf Punkte sollten vor dem Beratungsgespräch beachtet werden:

1. Die Eltern sollten ein bis zwei Wochen vor dem Gesprächstermin eingeladen werden. Geschiedene Elternteile, die das Sorgerecht

haben, erhalten jeweils eine Einladung, die mündlich erfolgen kann. Die Eltern sollten wissen, dass ein Gespräch mit beiden Elternteilen zum Wohle des Kindes erforderlich ist.

2. Wird befürchtet, dass die Eltern den Termin vergessen, sollten sie zwei bis drei Tage vor dem eigentlichen Termin noch einmal höflich daran erinnert werden.

3. Eltern, die über unzureichende Deutschkenntnisse verfügen, brauchen einen Dolmetscher, den die Eltern aus ihrem Bekanntenkreis besorgen können und der auf seine Schweigepflicht hinzuweisen ist.

4. Der Raum, in dem das Beratungsgespräch durchgeführt wird, sollte von außen nicht einsehbar sein. Vorhänge an den Fenstern geben einen Sichtschutz und lenken nicht unnötig von den Ereignissen außerhalb des Zimmers ab.

5. Der Raum darf weder stickig noch zu kalt oder warm sein. Es empfiehlt sich, den Raum kurz vor dem Gesprächstermin zu lüften.

6. Ein runder Tisch, um den sich alle Beteiligten gemütlich herumsetzen können, ermöglicht einen lebendigen Dialog. Im Gegensatz dazu sind Gespräche vom Schreibtisch aus, der eine Art Grenze zu den gegenübersitzenden Eltern darstellt, nicht geeignet.

7. Ein zierliches Blumengesteck oder eine kleine Topfpflanze (kein Kaktus!), die weder den Blickkontakt noch das Gespräch zwischen den Beteiligten behindert, sieht hübsch aus und verleiht dem Tisch einen besonderen Akzent.

8. Alle Beteiligten sollten bequem sitzen. Stühle mit einer Rückenlehne, Sitzbälle oder Kniehocker sind geradezu ideal.

9. Eine Tasse Tee oder Kaffee wärmt vor allem in der kalten Jahreszeit auf und trägt zum Wohlbefinden bei. An heißen Tagen empfiehlt es sich, den Eltern kalte Getränke wie ein Eistee, ein Mineralwasser oder einen Fruchtsaft anzubieten.

10. Bei Eltern, die sich ernsthaft Sorgen machen und nicht mehr weiter wissen, kann die eine oder andere Träne fließen. Es empfiehlt sich, eine Packung Papiertaschentücher in die Nähe des Tisches zu legen.

11. Um nicht gestört zu werden, sollte das Team wissen, wann das Elterngespräch beginnt und wann es voraussichtlich endet.

12. Kurz vor dem Beratungsgespräch sollte der Telefonhörer zur Seite gelegt und das Handy ausgeschalten werden.

8.2 Vorgehensweise, wenn ein Kind schikaniert wird

Fallbeispiel

Isabel (4) benutzt immer noch ihren Schnuller und wird von anderen Kindern aus der Gruppe gehänselt und geärgert. Die Situation ist für Isabel äußerst belastend, so dass sie häufig weint und sehr ungern den Kindergarten besucht. Die Erzieherin beschließt, die Eltern zu einem Beratungsgespräch einzuladen, um miteinander einen Lösungsweg zu finden.

Erzieherin: „Guten Tag Frau Müller, guten Tag Herr Müller! Ich möchte mich dafür bedanken, dass Sie so schnell kommen konnten. Bevor ich jedoch darüber berichte, was mir in letzter Zeit Sorgen bereitet, möchte ich Ihnen zunächst sagen, dass Isabel ein sehr nettes und hilfsbereites Mädchen ist, das ich sehr gerne habe. In den letzten Tagen ist mir jedoch aufgefallen, dass sie von einigen Kindern aus der Gruppe gehänselt wird."

Mutter: „Das hat sie mir gar nicht erzählt. Gibt es einen Grund für das unangemessene Verhalten der Kinder?"

Erzieherin: „Isabel benutzt regelmäßig ihren Schnuller. Das führte dazu, dass einige Kinder anfingen, sie zu hänseln. Sie konnte mit der Situation nicht umgehen und begann, zu weinen, so dass sie als Heulsuse bezeichnet wurde."

Vater: „Aber das ist doch kein Grund, dass die anderen Kinder meine Tochter fertig machen!"

Erzieherin: „Sie haben natürlich Recht! Derartige Verhaltensweisen sind unakzeptabel und zu unterbinden. Deshalb habe ich sofort eingegriffen. Damit das Hänseln aufhört, habe ich die ganze Gruppe einbezogen. Wir haben Regeln für ein gutes Miteinander erarbeitet, die alle Kinder unterschrieben haben. Spiele wie ,Wo hört der Spaß auf?' *(S. 69)* und ,Ich kann *nein* sagen' *(S. 66-67)*, haben einigen Kindern verdeutlicht, dass derartige Verhaltsweisen keinen Platz in der Gruppe haben. Zudem werden verstärkt Spiele ohne Gewinner und Verlierer durchgeführt, die das Wir-Gefühl stärken."

Mutter: „Ich finde ihre Maßnahmen sehr gut! Dennoch mache ich mir ernsthaft Sorgen, da sie ständig den Schnuller haben und am liebsten zu Hause bleiben möchte!"

Erzieherin: „Sie sind verzweifelt, weil Isabel sich vom Schnuller nicht verabschiedet und nicht in den Kindergarten gehen möchte. Das kann ich gut verstehen. Aus diesem Grund sollten wir gemeinsam überlegen, was wir tun können."

Vater: „Ehrlich gesagt, weiß ich keinen Rat. Ich kann ihr doch nicht einfach den Schnuller wegnehmen! Oder was meinen Sie dazu?"

Erzieherin: „Nein, das sollten sie wirklich nicht machen. Denn wenn der Schnuller ohne irgendeine Vorwarnung entfernt werden würde, wäre Isabel bestimmt sehr unglücklich."

Mutter: „Ich habe gehört, dass ein Abschiedsfest für den Schnuller sehr hilfreich sein kann."

Erzieherin: „Sicherlich kann ein Abschiedsfest, bei dem die ganze Familie sich feierlich vom Schnuller verabschiedet, Isabel helfen, ihren geliebten Schnuller für immer aus den Händen zu geben."

Vater: „Vielleicht können wir Isabel auch einfach fragen, ob sie ihren Schnuller einem bedürftigen Kind schenken möchte. Auf diese Weise haben wir mit Isabel einige alten Spielsachen aus ihrem Kinderzimmer entsorgt."

Erzieherin: „Das ist auch eine gute Möglichkeit, um sich vom Schnuller zu verabschieden."

Mutter: „Das finde ich richtig gut. Wir werden uns in Ruhe überlegen, welche Möglichkeit wir Isabel anbieten werden."

Erzieherin: „Ich merke, dass Sie erleichtert sind und denke, dass sich das Schnullerproblem bald lösen wird."

Mutter: „Das glaube ich auch. Dennoch möchte ich gerne wissen, wie sich Isabel gegen Hänseleien aus der Gruppe schützen kann."

Erzieherin: „Sie haben Angst, dass die Hänseleien auch in Zukunft auftreten können. Es gibt kein Patentrezept, um sich gegen derartige Verhaltensweisen zu schützen. Allerdings sind öfters solche Kinder betroffen, die schüchtern und ängstlich sind, wenig Selbstvertrauen haben oder durch Äußerlichkeiten auffallen."

Vater: „Das kann ich verstehen. Trotzdem finde ich es merkwürdig, dass sich Isabel uns nicht anvertraut!"

Erzieherin: „Kinder, die Hänseleinen wie ein Blitz treffen, wissen nicht was eigentlich schief gelaufen ist. Sie denken, dass sie selbst schuld sind. Deshalb haben sie häufig große Angst die Geschehnisse einem Erwachsenen zu berichten. Selbst mir hat Isabel nichts erzählt. Erst durch zufällige Beobachtungen bin ich auf die Vorkommisse in der Gruppe aufmerksam geworden. Dabei ist mir wieder deutlich geworden, wie wichtig es ist, den Kindern zu vermitteln, dass sie jederzeit mit ihren Problemen zu uns kommen können."

Mutter: „Sie haben Recht! Wir müssen unseren Kindern viel öfters sagen, wie lieb wir sie haben und dass wir jederzeit für sie da sind!"

Vater: „Aber nicht nur sagen, sondern auch zeigen! Ich gebe zu, dass wir viel mehr Zeit für die Familie einplanen müssen."

Erzieherin: „Sie meinen, dass Sie sich überlegen sollten, wie Sie einen größeren Teil ihrer Freizeit miteinander verbringen können?"

Mutter und Vater nicken.

Erzieherin: „Das finde ich sehr gut!"

Mutter: „Ich denke, dass ein Schnullerfest mit der Familie jetzt besonders angebracht ist."

Vater: „Ich bin völlig deiner Meinung!"

Erzieherin: „Ich freue mich, dass Sie einen gemeinsamen Lösungsweg finden konnten und schlage vor, dass wir uns in zwei Wochen wieder treffen, um miteinander über die gemachten Erfahrungen zu sprechen."

Mutter: „Ich bin damit einverstanden und möchte mich recht herzlich bei Ihnen für das gute Gespräch bedanken!"

Vater: „Das trifft auch auf mich zu!"

Erzieherin: „Auch ich möchte mich bei Ihnen für das gute Gespräch bedanken und freue mich auf unsere weitere Zusammenarbeit!"

8.3 Vorgehensweise, wenn ein Kind ein anderes schikaniert

Fallbeispiel

Benedikt (6) bezeichnet ein Kind abfällig als „fette Sau!", lacht es bei jeder Gelegenheit aus und tuschelt hinter seinem dem Rücken. Die Erzieherin macht sich Sorgen um Benedikt, der trotz intensiver Bemühungen sein Verhalten nur kurzfristig ändert. Die Erzieherin nimmt mit den Eltern Kontakt auf und bittet Sie zu einem Beratungsgespräch.

Erzieherin: „Guten Tag Frau Mayer, guten Tag Herr Mayer. Ich freue mich, dass Sie so schnell zu unserem Gespräch kommen konnten."

Mutter: „Gibt es ein Problem mit Benedikt?"

Erzieherin: „Es gibt wohl kaum ein Kind, das noch keine Schwierigkeiten gemacht hat. Bevor ich jedoch darauf zu sprechen komme, möchte ich Ihnen mitteilen, dass Benedikt ein kontaktfreudiges Kind ist, das viele Freunde in der Gruppe hat. Zudem beteiligt er sich mit viel Freude und Lust bei sämtlichen Angeboten. Allerdings ist mir etwas aufgefallen, das Sie auch wissen sollten. Benedikt beschimpft und lacht ein Kind aus, das Übergewicht hat."

Mutter: „Das verstehe ich nicht. Eigentlich müsste er wissen, wie sehr manche Menschen unter ihrem Übergewicht leiden. Ich selbst war übergewichtig und habe zahlreiche Diäten gemacht, bis ich gemerkt habe, dass ich dauerhaft meine Ernährung umstellen muss. Seit ich mich ausgewogen ernähre, halte ich mein Idealgewicht."

Vater: „Vielleicht sollten Sie wissen, dass Benedikt unter dem Übergewicht meiner Frau gelitten hat."

Mutter: „Glaubst du das wirklich?"

Vater: „Nun, ich denke, dass er mitbekommen hat, dass du sehr traurig gewesen bist, wenn die Waage wieder einmal ein paar Pfunde mehr als vermutet angezeigt hat."

Mutter: „So habe ich das noch nicht gesehen. Wenn ich jedoch an die damalige Zeit zurück denke, muss ich zugeben, dass ich aufgrund meines Übergewichts großen Stimmungsschwankungen unterworfen war."

Erzieherin: „Ich bin Ihnen sehr dankbar, dass Sie mir von dieser familiären Situation berichten. Ich könnte mir gut vorstellen, dass das Benedikts Verhalten erklärt. Könnten Sie sich vorstellen, sich in dieser Hinsicht fachlich beraten zu lassen?"

Mutter: „Wenn ich die Schuld an seinem Verhalten trage, möchte ich natürlich alles tun, dass sich Benedikts Verhalten ändert."

Erzieherin: „Sie machen sich große Vorwürfe! Das sollten Sie nicht tun. Denn es geht in erster Linie darum, dass Benedikt geholfen wird."

Mutter: „Danke, dass Sie so viel Verständnis haben. Können Sie uns ein bis zwei Adressen von Beratungsstellen geben, die in unserer Nähe sind?"

Erzieherin: „Das mache ich sehr gerne. Dennoch sollten wir gemeinsam überlegen, wie Benedikt eine positive Einstellung zu dicken Menschen bekommen und somit sein Verhalten ändern kann."

Vater: „Vielleicht sollten wir mit Benedikt reden und ihm erläutern, dass Menschen unterschiedlich sind und trotzdem Freunde sein können. Gibt es zu diesem Thema vielleicht ein empfehlenswertes Bilderbuch?"

Erzieherin: „Lassen Sie mich kurz nachdenken. Ja, da fällt mir ein sehr gutes Bilderbuch ein. Es heißt ‚Ich will so bleiben wie ich bin' und ist bei Ravensburger erschienen. Es erzählt von der Ente Erna, die leidenschaftlich gerne Fernsehen schaut und deshalb alle Tiere auf dem Bauernhof solange mit Werbeslogans drangsaliert, bis alle Tiere den Fernsehidealen nacheifern. Doch irgendwann fühlt sich keiner mehr so richtig wohl. Die Kühe wollen nicht mehr lila sein und die Schafe brauchen keine Schmusewolle. Am Ende möchte die Ente Erna auch so bleiben, wie sie ist."

Mutter: „Gibt es das Bilderbuch in unserem Buchhandel um die Ecke zu kaufen?"

Erzieherin: „Ich denke schon. Sie können aber auch das Buch in einer Bücherei ausleihen!"

Vater: „Das ist ein gute Idee! Gibt es sonst noch etwas, was wir tun können?"

Erzieherin: „Wie Sie selbst erkannt haben, geht es darum, dass Benedikt lernt, andere Menschen zu akzeptieren und zu respektieren. Neben

Gesprächsrunden im Stuhlkreis, werde ich verstärkt Spiele und Lieder mit der Gruppe durchführen und singen, bei denen die Kinder sich gegenseitig wahrnehmen, ihre Stärken entdecken und in die Gruppe einbringen können. Ich werde einige Spiele und Lieder, die sich insbesondere für zu Hause anbieten, kopieren. Vielleicht haben Sie Lust, die Spiele auszuprobieren, die Lieder mit Benedikt zu singen und über die Liedertexte zu sprechen."

Mutter: „Das machen wir sehr gerne! Ich selbst spiele Gitarre und mein Mann Klavier. Gibt es zu den Liedern auch Noten?"

Erzieherin: „Da es immer wieder Eltern und Kinder gibt, die ein Instrument spielen, gibt es zu allen Liedtexten die dazugehörigen Noten und Gitarrengriffe."

Vater: „Das ist ja toll! Sie geben sich wirklich viel Mühe!"

Erzieherin: „Vielen Dank! Es ist gut gewesen, dass wir miteinander sprechen konnten. Wenn Sie keine Fragen mehr haben, schlage ich vor, dass wir einen weiteren Termin vereinbaren, um zu sehen wie Benedikt die einzelnen Angebote angenommen hat. Vielleicht gibt es bis dahin auch Fragen, die wir aufgreifen und besprechen sollten."

Vater: „Ich bin ganz Ihrer Meinung, dass ein zweites Gespräch sehr sinnvoll ist."

Mutter: „Würde es auch an einem anderen Tag gehen? Denn dienstags gehe ich immer zu meiner Gymnastikgruppe, die ich ungern ausfallen lassen würde."

Erzieherin: „Selbstverständlich sollten wir einen Termin wählen, der für alle Beteiligten gut ist. Sind Sie mit einem Donnerstag einverstanden?"

Mutter: „Ja, das wäre gut! Vielen Dank!"

Die Erzieherin vereinbart einen Termin mit den Eltern, den sie für diese auf einem Zettel notiert. Am Ende bedankt sie sich für das gute Gespräch.

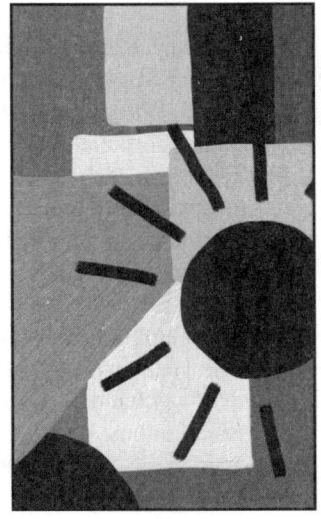

Teil III

Kapitel 9: Wie Kinder verantwortungsbewusst miteinander umgehen lernen

Kinder sollen möglichst frühzeitig lesen, schreiben und rechnen lernen. Aber wie ist es eigentlich mit der Sozialkompetenz bestellt? Können Kinder ihre Konflikte selbstständig regeln und in grenzüberschreitenden Situationen richtig handeln? Falls nicht, kann der Alltag sobald irgendeine Form von Gewalt ins Spiel kommt, zur Qual werden. Aus diesem Grund brauchen Kinder Erfahrungsfelder, die sie befähigen, gewaltfrei und selbstverantwortlich ihre Konflikte zu regeln. Wie das konkret in der Praxis aussehen kann, wird in diesem Kapitel erläutert.

9.1 Im Rollenspiel sich gegenseitig erleben

„Ich fühle mich wie eine kleine, graue Maus!", so drückt sich ein Kind aus, das keine Markenkleidung trägt und vielleicht zum ersten Mal gehänselt wird. Wie sehr das betreffende Kind unter der Spöttelei leidet, ist vielen Kindern nicht bewusst.

Rollenspiele, die sich mit Konfliktsituationen beschäftigen, ermöglichen insbesondere Kindern, die zu unerwünschten Verhaltensweisen neigen, einen Perspektivwechsel. Eindrucksvoll wird ihnen klar, was das unerwünschte Verhalten beim Opferkind bewirkt. Indem die Kinder in die einzelnen Rollen schlüpfen und dadurch manchmal einen anderen Standpunkt als den eigenen vertreten müssen, merken sie auch, welche Motive dem unerwünschten Verhalten zugrunde liegen können. Zu all dem werden den Kindern Wege aufgezeigt, wie sie dem Opferkind helfen können.

Damit jedoch die Kinder begreifen, weshalb Konflikte friedlich geregelt werden müssen, gibt es bei den nachfolgenden Rollenspielen jeweils zwei Möglichkeiten. Die negative Möglichkeit zeigt den Kindern auf, wie ein Konflikt eskalieren und somit unerwünschtes Verhalten verstärken kann. Die positive Möglichkeit verdeutlicht den Kindern, wie sie selbstbewusst handeln und ihre Konflikte gut lösen können. Auf diese Weise wird ohne großes Zutun das Einfühlungsvermögen geweckt, ein Gespür für Unrechtsbewusstsein entwickelt sowie das Verständnis füreinander geschult.

Das heißbegehrte Spielobjekt

Spielort: Bauecke
Material: 1 Holzkrokodil, eventuell 1 Zoo aus Bausteinen oder Naturmaterialien
Spieler/innen: ab 5 Kinder

Die Spielleitung sagt Folgendes:
Daniel hat ein kleines Holzkrokodil, das Thomas und Alexander für ihren Zoo brauchen. Thomas geht zu Daniel und fragt ihn, ob er das Krokodil haben kann. Daniel sagt „Nein!" und hält das Krokodil ganz fest in den Händen.

Das Fallbeispiel können die Kinder folgendermaßen weiterspielen

A. Negative Möglichkeit
Thomas versucht Daniel das Krokodil aus den Händen zu reißen. Als Daniel vor Wut schreit, ruft Thomas ganz laut: „Du bist ein alter Schreihals!" Einige Kinder lachen und rufen laut: „Daniel schreit wie ein Baby!" Alexander eilt herbei, um Thomas zu helfen. Er schreit Daniel an: „Du bist selber schuld, wenn du so schreist! Wenn du das Krokodil nicht hergibst, bekommst du eine Faust!" Daniel presst die Lippen zusammen und wirft das Krokodil in die Ecke.

B. Positive Möglichkeit
Thomas erklärt Daniel, dass sie das Krokodil für ihren aufgebauten Zoo gut brauchen können. Er fragt Daniel, ob er sich den Zoo anschauen und vielleicht mitspielen möchte. Daniel willigt ein und spielt mit.

Stefanie und das Ballspiel

Spielort: Kreis
Material: 1 Softball
Spieler/innen: ab 5 Kinder

Die Spielleitung sagt Folgendes:
Ein paar Kinder stehen im Kreis und werfen sich gegenseitig den Ball zu. Immer, wenn Stefanie den Ball fangen soll, lässt sie ihn fallen, so dass die anderen Kinder wütend werden.

Das Fallbeispiel können die Kinder folgendermaßen weiterspielen

A. Negative Möglichkeit
Ein Kind ruft: „Du bis ja richtig blöd! Du kannst nicht einmal einen Ball fangen!" Ein weiteres Kind sagt: „Wenn du noch einmal den Ball fallen lässt, musst du verschwinden!" Das Spiel geht solange weiter, bis Stefanie wieder den Ball fangen lässt. Das Kind, das neben Stefanie steht, schubst sie aus dem Kreis und ruft: „Hau bloß ab, du dumme Kuh! So eine Spielverderberin können wir hier nicht brauchen!" Stefanie weint und läuft weg.

B. Positive Möglichkeit
Stefanie spürt, dass die anderen Kinder wütend werden und sagt: „Es tut mir leid, dass ich den Ball fallen lasse, aber ich weiß nicht, wie ich ihn fangen soll. Könnt ihr mir helfen?" Die Kinder schauen sich gegenseitig fragend an. Ein Kind geht zu Stefanie und zeigt ihr, wie sie den Ball mit den Händen fangen kann. Ein anderes Kind meint: „Lasst uns einen engeren Kreis bilden, dann kann Stefanie den Ball leichter fangen."

Öko-Klamotten – Nein danke!

Spielort: Klassenzimmer
Material: markenlose Kleidungsstücke
Spieler/innen: ab 4 Kinder

Die Spielleitung sagt Folgendes:
Monika trägt nicht wie viele andere Kinder aus ihrer Gruppe Markenkleidung. Sie kann auch nicht beim Mittagstisch in der Schule teilnehmen, da das Essen für ihre Eltern zu teuer ist. Als Monika eines morgens den Gruppenraum betritt, bemerkt sie, wie drei Kinder hinter ihrem Rücken tuscheln und anfangen zu lachen.

Das Fallbeispiel können die Kinder folgendermaßen weiterspielen

A. Negative Möglichkeit
Monika blickt auf den Boden und geht langsam zu ihrem Platz. Ein Kind ruft laut: „Seht mal alle her, wie die Bio-Klamotten von Monika aussehen." „Igitt!", ruft ein Kind und: „so einen Mist würde ich nie anzeihen!", erwidert ein weiteres Kind. „Ihr seid ja voll blöd!", ruft Monika und läuft heulend aus dem Raum.

B. Positive Möglichkeit
Monika geht mit erhobenem Kopf auf die drei Kinder zu und sagt: „Habt ihr Lust, mit mir zu spielen?" „Nein, Danke! Du bist uns zu uncool!", sagt eines der drei Kinder. „Ich weiß, dass ich keine Markenkleidung trage. Leider haben meine Eltern zur Zeit nicht so viel Geld, da sie arbeitslos sind", erwidert Monika. Die drei Kinder schauen sich gegenseitig etwas beschämt an. Eines der Kinder sagt: „Das tut mir leid, mein Vater hat auch schon einmal seine Stelle verloren. Das war ganz schön schlimm! Allerdings hatte er so richtig viel Zeit und wir konnten stundenlang miteinander spielen! Tut mir echt leid, dass wir so gemein zu dir waren."

Du sprichst ja wie ein Baby!

Spielort: Tisch, 1 Mensch ärgere dich nicht-Spiel
Spieler/innen: ab 5 Kinder

Die Spielleitung sagt Folgendes:
Drei Kinder sitzen um einen Tisch herum und spielen „Mensch ärgere dich nicht." Antonio kann nicht altersgemäß die Sätze formulieren und fragt: „Wann mitspielen kann ich?" Das erste Kind verdreht die Augen, das zweite schüttelt den Kopf und das dritte fängt zu lachen an und sagt: „Du sprichst ja wie ein Baby!"

Das Fallbeispiel können die Kinder folgendermaßen weiterspielen

A. Negative Möglichkeit
Die anderen zwei Kinder können sich das Lachen ebenfalls nicht mehr verkneifen und wiederholen den Satz: „Wann mitspielen kann ich?", dem sie hinzufügen: „So ein Quatsch!" Antonio wird wütend und wirft das Spiel mit den Spielfiguren auf den Boden. Eines der Kinder ruft: „Ich glaube, du spinnst!" Ein weiteres Kind zieht Antonio an den Haaren. Antonio wehrt sich mit aller Kraft und die Kinder fangen an, ihn zu schlagen.

B. Positive Möglichkeit
Ein Kind aus der Gruppe, das den Vorfall beobachtet hat, unterstützt Antonio und sagt: „Das ist überhaupt nicht lustig, schließlich kann Antonio nichts dafür, dass er die Sätze nicht richtig aussprechen kann! Oder hat euch Antonio schon einmal ausgelacht?" Die drei Kinder denken nach und entschuldigen sich bei Antonio.

Wir wollen nicht neben dir sitzen

Spielort: Stuhlkreis
Spieler/innen: ab 6 Kinder

Die Spielleitung sagt Folgendes:
Die Kinder sitzen im Stuhlkreis. Zwei Kinder, die rechts und links neben einem dicken Kind sitzen, rücken ihre Stühle weg und weigern sich, neben dem dicken Kind zu sitzen.

Das Fallbeispiel können die Kinder folgendermaßen weiterspielen

A. Negative Möglichkeit
Das dicke Kind rückt seinen Stuhl zu einem der beiden Kinder, welches sich gleich wehrt. Es ruft: „Hau bloß ab, du stinkst!" Das dicke Kind antwortet: „Du stinkst!" Das Kind erwidert: „Nein du! Schließlich bist du eine fette Sau und schwitzt, weil du so viel frisst!" Das dicke Kind ruft: „Ich bin keine fette Sau!" Die Gruppe lacht und ruft: „Du bist eine fette Sau!" Das dicke Kind fängt an, um sich zu schlagen und die angegriffenen Kinder wehren sich.

B. Positive Möglichkeit
Ein Kind, das ebenfalls im Stuhlkreis sitzt, fragt das dicke Kind, ob es neben ihm sitzen möchte. Ein anderes Kind teilt den beiden Kindern mit, dass ihr Verhalten gemein ist. Das dicke Kind erklärt den Kindern, dass es nicht darauf ankommt, ob man dick oder dünn ist, sondern was man kann und wie man zu den anderen Kindern ist.

Tanja und das Turnen

Spielort: Turnhalle
Material: 1 Turnmatte
Spieler/innen: ab 4 Kinder

Die Spielleitung sagt Folgendes:
Die Kinder stehen vor der Turnmatte in einer Reihe, so dass sie nebeneinander stehen und sich gegenseitig beim Turnen auf der Matte gut beobachten können. Das erste Kind, das direkt vor der Matte steht, macht eine Rolle vorwärts. Die anderen Kinder applaudieren. Das zweite Kind wiederholt die Übung und erhält ebenfalls einen kräftigen Applaus. Dann ist Tanja an der Reihe. Ihr gelingt die Rolle vorwärts nicht, so dass sie einige Kinder lautstark auslachen.

Das Fallbeispiel können die Kinder folgendermaßen weiterspielen

A. Negative Möglichkeit
Ein Kind ruft: „Die ist ja richtig blöd!" Ein anderes Kind meint: „Du bist wirklich eine Null!" Tanja senkt den Kopf, lässt die Schultern hängen und sagt: „Ich mache nicht mehr mit!"

Tanja sagt: „Ich weiß, dass ich keine Rolle vorwärts kann. Aber wenn ich ausgelacht werde, lerne ich es auch nicht! Es wäre schön, wenn mir jemand von euch die Rolle vorwärts beibringen könnte." Ein Kind aus der Gruppe geht zu Tanja und zeigt ihr, wie eine Rolle vorwärts gemacht wird.

Du bist eine Brillenschlange!

Spielort: Stuhlkreis
Material: 1 Brille ohne Gläser
Spieler/innen: ab 5 Kinder

Die Spielleitung sagt Folgendes:
Bis auf ein Kind sitzen alle Kinder im Stuhlkreis. Muhamet, der zum ersten Mal mit einer Brille in die Einrichtung kommt, betritt den Raum. Als die Kinder sehen, dass das Kind eine Brille trägt, ruft ein Kind laut: „Muhamet ist eine Brillenschlange!"

Das Fallbeispiel können die Kinder folgendermaßen weiterspielen

A. Negative Möglichkeit
Muhamet geht zu dem Kind und schreit: „Was hast du gesagt? Du bekommst gleich eine Faust ins Gesicht." Das Kind ruft: „Dann mache ich aus deiner Brille ein Puzzle!" Die Kinder fangen zu lachen an. Ein Kind ruft laut: „Der Muhamet hat gleich ein Puzzle vor der Linse!" Muhamet geht auf das Kind zu und brüllt: „Du bist gleich ein toter Mann!" Drei Kinder stürzen sich auf Muhamet und rufen: „Wir machen dich fertig!"

2. Positive Möglichkeit
Muhamet fragt die Kinder: „Was ist eine Brillenschlange? Das hört sich an, als wäre es ein lustiges Tier?" Die Kinder sind etwas verdutzt. Ein Kind sagt: „Eine Brillenschlage, bist du, weil du eine Brille trägst." Muhamet erwidert und sagt: „Dann sind alle Menschen, die eine Brille haben, eine Schlange?" Das Kind meint: „Natürlich nicht, das sagt man doch nur, um jemanden zu ärgern!" Muhamet antwortet: „Komisch, aber ich ärgere mich doch gar nicht!" Ein Kind sagt: „Dann macht es auch keinen Spaß, dich eine Brillenschlange zu nennen!"

Du bist ein Zwerg!

Spielort: Garderobe
Spieler/innen: ab 6 Kinder

Die Spielleitung sagt Folgendes:
Samir möchte ein Buch aus dem Regal holen, hat jedoch aufgrund seiner Körpergröße Schwierigkeiten das Buch zu erreichen. Ein Kind aus der Gruppe sieht die vergeblichen Bemühungen und ruft: Hallo Zwerg! Schaffst du es mal wieder nicht allein?"

Das Fallspiel können die Kinder folgendermaßen weiterspielen

A. Negative Möglichkeit
Samir schreit vor Wut: „Ich bin kein Zwerg!" Ein anderes Kind ruft: „Natürlich bist du ein Zwerg! Du brauchst dich nur einmal anzusehen!"Samir merkt, dass er nicht gegen die Kinder ankommt und weint.

Positive Möglichkeit
Samir antwortet: „Nein, weil das Regal viel zu hoch ist!" Das Kind sagt; „Natürlich ist das Regal für einen Zwerg viel zu hoch!" Samir antwortet: „Du hast Recht! Ich bin klein und kann deshalb das Buch nicht holen! Aber dafür kann ich unwahrscheinlich schnell unter einen Stuhl hindurchkriechen. Möchtest du gegen mich antreten?" Das Kind geht die Wette ein und verliert. Samir sagt: „Manchmal ist es auch gut, etwas kleiner zu sein!"

9.2 Grundregeln entwickeln und vereinbaren

Ein bekanntes Sprichwort lautet: „Was Du nicht willst, das man dir tut, das füge keinem anderen zu." Es erinnert daran, dass wir miteinander fair umgehen und uns gegenseitig respektieren und wertschätzen sollen.
Ähnlich wie so manches gut gemeinte Sprichwort müssen auch die sozialen Regeln sein: Kurz, aussagekräftig und für alle Kinder nachvollziehbar. Auf diese Weise können sie sich die einzelnen Regeln gut merken. Für das Regelverständnis ist es jedoch vorteilhaft, wenn die Kinder anhand von Aufgaben ihre Gruppenregeln selbst finden und miteinander vereinbaren. Auf dieser Grundlage können alle Beteiligten von sich selbst und anderen erwarten, dass die Regeln auch eingehalten werden.
Aber was tun, wenn die Regeln dennoch nicht beachtet werden? Maßnahmen wie eine Ermahnung, eine ernsthafte Entschuldigung bis hin zu einem Opfer-Täter-Ausgleich und einem Friedensvertrag, den die beteiligten Kinder unterzeichnen, müssen alle Kinder im Vorfeld wissen. Die Erziehungsberechtigten sollten über solche und andere Maßnahmen bei Regelverstößen unterrichtet werden. Sollten trotz aller Bemühungen keine Verhaltensänderung erreicht werden, ist auf jeden Fall professionelle Hilfe erforderlich.
Wie die Kinder ihre Regeln gemeinsam finden, vereinbaren und gegebenenfalls auch korrigieren können, zeigen die unten aufgeführten Beispiele:

Ich zeige, was ich möchte ...

Um Regeln für ein gutes Miteinander zu finden, müssen die Kinder zunächst wissen, wie sie von den einzelnen Kindern in der Gruppe behandelt werden möchten. Hierfür eignen sich Satzanfänge mit Ich-Botschaften.

Material: für jedes Kind 1 weißes Malpapier, Wachsmalstifte, Tesafilm
Spieler/innen: ab 2 Kinder

Alle Kinder holen sich je ein weißes Malpapier und Wachsmalstifte. Die Kinder setzen sich um einen Tisch herum und überlegen sich unerwünschte Verhaltensweisen, die sie keinesfalls in der Gruppe dulden wollen. Die Kinder malen unterschiedliche Situationen wie jemanden schlagen, treten oder ausgrenzen. Sind alle Bilder fertiggestellt, bilden sie einen Stuhlkreis und wählen ein Kind aus, das sein Bild zeigt und zum Beispiel sagt: „Ich möchte, dass gebaute Sachen nicht kaputt gemacht werden!" Das Kind legt sein Bild in die Kreismitte und ruft ein weiteres Kind auf, das sein Bild vorstellt und zum Beispiel sagt: „Mir ist wichtig, dass man sich bei Streitigkeiten nicht gegenseitig die Zunge herausgestreckt!" Sobald alle Bilder in der Stuhlkreismitte liegen, ist das Spiel beendet. Zur Erinnerung hängen die Kinder die Bilder im Gruppenraum auf.

Wortkette – Ich möchte nicht, dass ...

Ähnlich wie das bekannte Spiel „Koffer packen" verläuft das folgende Spiel, bei dem die Kinder alle genannte Wörter wiederholen und ein neues Wort hinzufügen. Auf diese Weise werden die Dinge, welche die Kinder keinesfalls möchten, ständig mitgeteilt.

Spieler/innen: ab 2 Kinder

Alle Kinder sitzen im Stuhlkreis. Ein Kind beginnt das Spiel, indem es sich überlegt, wie es keinesfalls behandelt werden möchte. Um Verallgemeinerungen zu vermeiden, sagt es zum Beispiel von sich selbst: „Ich möchte nicht, dass ich geärgert werde." Das Kind, das rechts neben dem Kind sitzt, setzt das Spiel fort und sagt: „Ich möchte nicht, dass ich geärgert und beschimpft werde." Reihum wird das Spiel auf diese Weise weitergeführt. Bei Kindern, die einen Fehler machen beziehungsweise ein Wort vergessen, darf die Gruppe weiterhelfen.

Handpuppen-Darstellungsspiel

Material: 2 Rollenspiel-Puppen (ca. 65 cm groß)
Spieler/innen: ab 2 Kinder

Eindrucksvoll können die Kinder das, was sie nicht wollen, zeigen, indem sie zwei Rollenspiel-Puppen benutzen.

Die Kinder bilden Paare und setzen sich in den Stuhlkreis. In der Stuhlkreismitte stehen zwei Stühle, auf denen sie jeweils eine große Handpuppe platzieren. Jedes Paar überlegt sich ein unerwünschtes Verhalten, das sie nacheinander der Gruppe mit Hilfe der beiden Rollenspiel-Puppen pantomimisch vorstellen. Jedes der beiden Kinder schlüpft mit seinen Händen in die Hände oder den Kopf seiner Puppe, so dass die zwei Puppen „lebendig" werden. Indem die „Puppen" sich gegenseitig zum Beispiel an den Haaren ziehen, sagt die Gruppe: „Ihr möchtet nicht, dass wir uns gegenseitig an den Haaren ziehen." Nicken die beiden Kinder mit ihrem Kopf, setzen sich die beiden Kinder wieder in den Stuhlkreis, so dass das nächste Paar mit seinen Puppen zum Beispiel einen „Boxkampf" in der Kreismitte veranstalten kann. Dabei sagt die Gruppe: „Ihr wollt nicht, dass wir uns gegenseitig boxen." Auf diese Weise wird das „Darstellungsspiel" so lange fortgeführt, bis alle Paare an der Reihe gewesen sind.

Mein Standpunkt

Eine Meinung vertreten bedeutet auch einen „festen" Standpunkt zu haben, den die Kinder mit ihrer Körperhaltung darstellen können.

Material: für jedes Kind 1 Kissen
Spieler/innen: ab 2 Kinder

Die Kinder sitzen auf ihren Kissen im Kreis und überlegen welche Verhaltensweisen sie nicht gut finden. Ein beliebiges Kind stellt sich vor sein Kissen, spreizt etwas seine Beine und geht mit geradem Oberkörper leicht in die Hocke. Das Kind zeigt, dass es mit beiden Beinen „fest" auf dem Boden steht und sagt zum Beispiel: „Ich möchte nicht, das wir uns gegenseitig schlagen!" Das Kind ruft das nächste Kind auf, welches seinen „Standpunkt" auf die gleiche Art verdeutlicht.

Beispiele mit Ich-Botschaften:
Mir ist wichtig, dass kein Kind geschlagen wird.
Ich wünsche mir, dass kein Kind geärgert wird.
Ich finde es gut, wenn wir schwächeren Kindern helfen.
Ich mag nicht, wenn ein Kind nicht zugibt, was es getan hat.
Ich will nicht, dass Schimpfwörter in der Gruppe fallen.

Rote und grüne Regeln für ein gutes Miteinander

Sind sich die Kinder einig, welche Verhaltensweisen sie keinesfalls in der Gruppe dulden wollen, müssen sie miteinander besprechen, was sie wollen. Dabei können die Kinder zwischen „roten" Regeln, die auf ein unerwünschtes Verhalten aufmerksam machen, und „grünen" Regeln, welche den Kindern Wege aufzeigen, wie sie sich in einer Konfliktsituation gut verhalten können, unterschieden werden.

Material: 1 Sofortbildkamera, 1 schwarzer dicker Filzstift, für jede Regel 1 DIN A4 Blatt in Weiß, für jede Regel beziehungsweise für jedes unerwünschtes Verhalten 1 Tonkarton in Rot (70 x 50 cm), für jede Regel beziehungsweise für jedes erwünschtes Verhalten 1 Tonkarton in Grün (70 x 50 cm) Schere, Klebstoff und Tesafilm
Spieler/innen: die ganze Gruppe

Die „roten" Regeln können folgendermaßen lauten und fotografisch dargestellt werden:
Wir wollen …

… kein Kind auslachen (Foto: ein Kind, tut so, als ob es jemanden auslachen würde),

… kein Kind ärgern (Foto: ein Kind streckt einem anderen Kind die Zunge heraus),

… keinem Kind weh tun (Foto: zwei Kinder stellen pantomimisch einen „Kampf" dar),

… keine Sachen zerstören (Foto: ein Kind tritt gegen einen Stuhl),

… kein Kind beim Spielen ausgrenzen (Foto: ein Kind sitzt allein in der Ecke).

111

Die „grünen" Regeln können folgendermaßen formuliert und fotografisch dargestellt werden:
Wir wollen ...

... zu Fehlern stehen und uns entschuldigen (Foto: zwei Kinder geben sich die Hände),

... miteinander sprechen und eine Lösung finden (Foto: zwei Kinder sprechen miteinander),

... Streit schlichten (Foto: ein Kind setzt sich zwischen zwei „streitende" Kinder),

... schwächeren Kindern beistehen (Foto: zwei Kinder umarmen sich gegenseitig),

... Hilfe holen, wenn es nötig ist (Foto: drei Kinder sprechen mit einem Erwachsenen).

Und so wird's gemacht:
Die Spielleitung oder ein Kind schreibt die einzelnen Regeln auf jeweils ein weißes Papier. Regeln, die klar und deutlich sagen, welches Verhalten nicht erwünscht ist, kleben die Kinder auf je einen roten Fotokarton, so dass über die einzelnen Regeln das passende Foto angebracht werden kann. Alle anderen Regeln, die sagen, welches Verhalten in einer Konfliktsituation angebracht und gut ist, kleben die Kinder auf je einen grünen Fotokarton. Über die einzelnen Regeln kleben sie das jeweils passende Foto. Um die Regeln im Alltag vor Augen zu haben, können die Kinder die „roten" Regeln und die „grünen Regeln" auf je eine freie Wand kleben.

9.3 Die Streitschlichter und ihre Aufgabe

Kinder, die in einen Konflikt verwickelt sind und miteinander keine Lösung für ihr Problem finden, sind in der Regel erleichtert, wenn eine neutrale Person dabei hilft, den Streit zu schlichten.
Entscheidend ist jedoch die Herangehensweise, mit der alle Seiten einverstanden sein müssen. Ansonsten besteht die Gefahr, dass der Konflikt eskaliert und nicht aufgearbeitet wird, so dass dieser in den Köpfen weiter bestehen bleibt.

Das ist der Grund, warum es in vielen weiterführenden Schulen und mittlerweile auch in einigen Grundschulen ein Programm zur Streitschlichtung gibt. Die Idee der Streitschlichtung oder Mediation – ein Wort, welches „Vermitteln" enthält – stammt aus den USA und bedeutet, den Streit zwischen den Personen zu schlichten ohne parteiisch zu sein. Damit das gut gelingt, müssen die zuständigen Lehrer/innen sich über das Thema „Streitschlichtung" informieren, Erfahrungswerte von anderen Schulen erfragen und Seminare zum Thema „Konfliktmanagement" besuchen. Am besten wirkt sich Streitschlichtung auf das Gruppenklima aus, wenn möglichst alle am Schulleben Beteiligten, also das gesamte Kollegium, die Schüler/innen und deren Eltern von Anfang an das Projekt auf irgendeine Art unterstützen.

Der Alltag zeigt, dass sich Konflikte und Gewalt, die sich bereits im Kindergarten und in der Grundschule anbahnen, wie rote Fäden durch die gesamte Schulzeit ziehen können. Dennoch ist im Kindergarten das Streitschlichten unter den Kindern nur bedingt möglich, da die Kinder eine gewisse Reife mitbringen müssen. Mit der Unterstützung eines Erwachsenen können auch schon ältere Kindergartenkinder helfen, einen Streit zu schlichten.

Aber wie verläuft die Streitschlichter-Ausbildung? In Schulen wird das nötige Wissen in einer „Streitschlichter"-AG angeboten, die bei Kindern auf großes Interesse stößt. Meist wollen sehr viele Kinder an der Ausbildung teilnehmen, so dass ein Losverfahren über die Zulassung der einzelnen Kinder entscheidet. Am Ende werden in der Regel aus den dritten und vierten Klassen je zwei bis vier Kinder zu Streitschlichtern ausgebildet. Damit die betreffenden Kinder möglichst viel über das Streitschlichten erfahren, die einzelnen Schritte der „Streitschlichtung" erlernen und in der Praxis gut umsetzen, sollte die Ausbildung eindreiviertel bis ein Jahr dauern. Auf diese Weise wird den Kindern viel über die verbalen und nonverbalen Kommunikationsmittel vermittelt, zu denen unter anderem die Körperhaltung, aktives Zuhören, Paraphrasieren und Ich-Botschaften gehören. Sie besprechen miteinander Fallbeispiele und überprüfen in Rollenspielen ihr eigenes Verhalten, das sie anschließend reflektieren. Es wird ein soziales Lernen praktiziert, dass die Kinder befähigt, beide Seiten fair zu behandeln, gut zuzuhören, Vertraulichkeit zu wahren, Regeln einzuhalten und Lösungsschritte einzuleiten. Neben den Lerninhalten sollen die Kinder sich gegenseitig besser kennen lernen. Es werden auch kleinere und größere Aktivitäten wie Rollschuh fahren, Tischtennis spielen, grillen oder gar übers Wochenende wegfahren durchgeführt. Das bringt den Kindern viel Spaß und macht die Ausbildung zu etwas ganz Besonderem. Um schließlich das Gelernte zu überprüfen, wird am Ende der Ausbildung ein schwieriger Streit vorgeführt, den zwei bis drei Kinder schlichten müssen. Sie erhalten eine Urkunde und nennen sich fortan „Streitschlichter/in" und sind für die Kinder, die mit ihnen reden wollen, zuständig.

Als ausgebildete Streitschlichter/innen können sie auf dem Pausenhof selbstbemalte T-Shirts tragen, auf denen „Streitschlichter/in" steht. So erkennen alle Kinder die für sie zuständigen „Streitschlichter/innen". In einem Bauwagen auf dem Pausenhof, einem aufgestellten Zelt, einer kleinen Kammer oder einem anderen Raum können die einzelnen Kinder dann die Dienste des Streitschlichters in Anspruch nehmen. Die Kinder reden über ihren Konflikt und der Streitschlichter versucht, unter Beachtung von Regeln, den Streit zu schlichten. Die Konfliktlösung wird vom Streitschlichter vertraglich festgehalten und von den einzelnen Parteien möglichst unterzeichnet. Dadurch, dass Außenstehende keinerlei Einsicht in den Vertrag haben, sind die betreffenden Kinder selbst verantwortlich, ob und wie die Lösung in die Praxis umgesetzt wird. Es ist wichtig, dass die Kinder sich nach ein bis zwei Wochen wieder treffen, um gegebenenfalls einzelne Punkte aus dem Vertrag, die nicht eingehalten werden konnten oder die sich nicht bewährt haben, zu korrigieren.

Kapitel 10: Anregungen für das Gruppenklima

Stimmt das soziale Klima in der Gruppe, sind Schikanen unter Kindern eher ein Fremdwort. Denn die Kinder sind bestrebt, miteinander auszukommen, sich gegenseitig zu helfen und füreinander da zu sein. Soziales Verhalten ist jedoch nicht angeboren, sondern wird erlernt. Die Kinder müssen frühzeitig erfahren und begreifen, dass jeder Einzelne für die Gruppe wichtig ist und entscheidend die soziale Beziehungsqualität, von der wiederum das Gruppenklima abhängig ist, mitgestaltet.

10.1 Das Mitbestimmungsrecht der Kinder

Damit Kinder gerne ihre Räume betreten und darin verweilen, brauchen sie vielfältige Möglichkeiten, um ihre eigenen Ideen zu entwickeln und auszuprobieren.

Räume, in denen sich „aneinandergereihte" Spielbereiche und jede Menge vorgefertigter Spielmaterialien befinden, sind für ein kreativ spielendes Kind eher uninteressant. Zudem haben Kinder oftmals keinerlei Bezug zu ihren Materialien.

Aufgrund dessen müssen wir unsere Kinder bei der Gestaltung ihrer Räume miteinbeziehen und ihnen geeignete Spielobjekte zur Verfügung stellen, die zum Experimentieren und Hantieren einladen.

Beobachten wir Kinder, wie sie zum Beispiel aus Stühlen und Decken eine Höhle bauen, auf einem Wackelbrett balancieren, Pappkartons bemalen, mit Stelzen laufen und aus Moos und Gras ein phantasievolles Mittagessen zubreiten, erkennen wir meist rasch, dass die Kinder ganz vertieft miteinander spielen und viel weniger streiten. Die Kinder haben viel Freude dran, ihre Fähigkeiten zu entdecken, zu erweitern und ihre eigenen Grenzen auszutesten.

Neben den Materialien aus dem Alltag gibt es natürlich auch vorgefertigte Materialien, die pädagogisch sinnvoll sind und mit denen die Kinder gerne spielen.

Unabhängig jedoch davon sollten die Kinder stets bei der Auswahl ihrer Spiele miteinbezogen werden. So können wir zum Beispiel bei Neuanschaffungen gemeinsam mit den Kindern die Vor- und Nachteile der einzelnen Spiele erörtern, über deren Notwendigkeit sprechen und den jeweiligen Preis am besten mit Hilfe von echtem Geld verdeutlichen, so dass sie ganz nebenbei den richtigen Umgang mit Geld lernen.

Ähnlich wie bei den Innenräumen müssen Kinder auch bei der Gestaltung des Außenbereichs mitbestimmen können. Mit Unterstützung der Eltern kann ein monotoner Garten oder Pausehof, auf dem sich bestenfalls einige festinstallierte Spielgeräte befinden, in einen naturnahen Spiel- und Erlebnisraum verwandelt werden, auf dem sich unter anderem eine Weidenhütte, ein Spielhügel, ein flacher Kies-Teich, große Balancierstämme, ein Baumhaus, Strohballen, Sand, Natursteine und ein Gemüsegarten befinden.

Zudem kann es Bereiche geben, bei denen die Tiere im Vordergrund stehen. Die Kinder fertigen zum Beispiel Nisthilfen für Insekten und andere Kleintiere an oder pflegen und versorgen mit Hilfe der Erwachsenen beispielsweise ein Kaninchen, das auch gestreichelt werden will. Ein kleines Tier auf den Arm nehmen, das weiche Fell spüren und den Körperduft riechen, beruhigt und fördert das Einfühlungsvermögen. Die Liebe zu dem Tier, das Kinder wenn nötig beschützen und festhalten wollen, wirkt sich positiv auf das Sozialverhalten in der Gruppe aus. Die Kinder sind bei weitem weniger aggressiv, helfen sich gegenseitig und zeigen mehr Verständnis füreinander.

Neben der Gestaltung der Spielräume brauchen die Kinder ein Mitspracherecht bei den alltäglichen Dingen, die sie betreffen. Ähnlich wie bei den Gruppenregeln, die miteinander besprochen und verabschiedet werden, müssen die Kinder beispielsweise bei der Planung von Gruppenthemen, Festivitäten und Ausflügen einbezogen werden. In vielen Einrichtungen werden bereits erfolgreich Kinderkonferenzen durchgeführt, zu denen sich die Kinder in der Regel einmal in der Woche zusammenfinden, um miteinander aktuelle Tagespunkte bis hin zu Gruppenregeln zu besprechen. Und soll etwas beschlossen werden, geht es nicht darum, irgendein Kind zu überstimmen oder sich der Mehrheit zu beugen. Vielmehr sind die Kinder bestrebt, einen gemeinsamen Lösungsweg zu finden für dessen Umsetzung sich alle Kinder mitverantwortlich fühlen.

10.2   Spiele ohne Sieger und Verlierer

Kinder, die kurz vor dem Schuleintritt stehen oder bereits die Grundschule besuchen, sollten in der Lage sein, feste und verständliche Spielregeln zu befolgen, sich dem Spielgeschehen einzuordnen und zu verlieren. Dennoch ist das Verlieren immer mit negativen Gefühlen verbunden und für Kinder, die in ihrem Leben häufig Niederlagen erlebt haben, besonders schwer zu ertragen.

Konkurrenzlose Spiele, die sich auf das besinnen, was die Kinder bereits können, machen unglaublich viel Spaß und tragen dazu bei, dass die Kinder in Bewegung kommen, aufeinander zugehen, sich gegenseitig beobachten und anfassen sowie zum Lachen bringen.

Trotzdem gibt es in fast jeder Gruppe ein oder zwei Kinder, die zum Mitspielen unsere Unterstützung brauchen. Anstelle die Kinder zum Mitmachen zu überreden, sollten wir uns einfach aktiv am Spielgeschehen beteiligen. Die eigene Spielfreude, die den Kindern nicht verborgen bleibt, springt wie ein Funke auf die Gruppe über, so dass sich insbesondere ängstliche und unsichere Kinder viel schneller und lieber am Spiel beteiligen. Aber auch Kinder, die ihren Platz in der Gruppe noch nicht gefunden haben, können dadurch wesentlich leichter in die Gruppe integriert werden.

Zu alldem sollten wir es nicht versäumen, die Kinder für die Dinge, die sie gut gemacht haben, zu loben. Auf diese Weise bleiben die Erfolgserlebnisse, die Kinder durch die Spiele erhalten, viel besser im Gedächtnis haften, so dass das Selbstwertgefühl gestärkt wird.

Die nachfolgenden Spielideen bieten sich sowohl für die Innen- als auch Außenräume an, sorgen für gute Laune, steigern das körperliche Wohlbefinden und machen eindrucksvoll bewusst, dass jeder Einzelne für die Gruppe wertvoll und unentbehrlich ist.

Trommeltische – für das Zusammenspiel

Miteinander „trommeln" schult das Rhythmusgefühl, baut Aggressionen ab, dient der Entspannung und sorgt für tolle Gruppenerlebnisse.

Material: für jeweils zwei Kinder 1 Tisch, flotte Instrumentalmusik
Spieler/innen: ab 2 Kinder

Immer zwei bis drei Tische werden zu einer Tischgruppe zusammengestellt, so dass jeweils zwei Kinder nebeneinander vor einem Tisch stehen können. Zum Rhythmus der Musik beginnt ein beliebiges Kind zum Beispiel mit der flachen Hand, mit der bloßen Faust, dem Ellenbogen, den Fingerkuppen oder Fingerspitzen auf die Tischplatte zu trommeln. Die übrigen Kinder machen sämtliche Bewegungsarten nach und trommeln im Takt der Musik mit. Das geht solange, bis die Spielleitung die Pausentaste drückt. Das Kind blinzelt einem anderen Kind zu, welches das „Trommelspiel" erneut beginnt.

Das wünschen wir dir!

Von der Gruppe ein Bild mit guten Wünsche erhalten, ist etwas ganz Besonders. Damit jedoch alle Kinder ein solches Gemeinschaftsbild bekommen, machen die Kinder Folgendes:

Material: für jedes Kind 1 DIN A3 Blatt in Weiß, 5 bis 6 Wachsmalstifte in verschiedenen Farben, Tanzmusik
Spieler/innen: ab 5 Kinder

Die Tische stellen die Kinder zu einer U-Form, so dass genügend Platz zum Bewegen vorhanden ist. Die Kinder holen sich jeweils ein weißes DIN A3 Blatt und fünf bis sechs Wachsmalstifte, die sie auf den Tischen verteilen. Jedes Kind schreibt auf sein Blatt den eigenen Namen und dreht das Blatt um, so dass der Name verdeckt ist. Während nun die Spielleitung die Tanzmusik einschaltet, bewegen sich alle Kinder rhythmisch im Raum und warten ab, bis die Pausentaste gedrückt wird. Sofort laufen sie zu einem beliebigen Platz und malen einen Wunsch in Form eines Glückssymbols wie ein Herz, ein vierblättriges Kleeblatt, ein Hufeisen, ein Schwein oder ein Schornsteinfeger auf das Papier. Erklingt erneut die Tanzmusik, bewegen sich alle Kinder wieder rhythmisch durch den Raum. Sobald alle Kinder auf die einzelnen Blätter etwas malen konnten, ist das Spiel beendet. Sie laufen zu ihren Plätzen, um sich die guten Wünsche abzuholen.

Miteinander kneten und staunen

Kneten fördert die Kreativität, schult die Feinmotorik und macht zudem ruhig und entspannt.

Material: für jedes Kind 1 großes Stück Knetmasse und 1 Unterlage, für jede Tischgruppe 1 großes Leintuch, ruhige Instrumentalmusik, 1 Triangel
Spieler/innen: ab 4 Kinder

Die Kinder stellen jeweils vier oder sechs Tische zusammen und setzen sich um die einzelnen Tische herum. Sie erhalten ein großes Stück Knetmasse und eine Unterlage zum Kneten. Auf die Unterlage legen die Kinder ihr Stück Knetmasse, das sie kräftig durchkneten.
Während nun die Hände auf den Oberschenkeln der Kinder ruhen, breitet die Spielleitung jeweils ein großes Leintuch über die einzelnen Tischgruppen beziehungsweise Knetmassen aus. Sobald die ruhige Musik erklingt, greifen die Kinder unter das Tuch, um irgendetwas aus ihrer Knetmasse zu formen. Dabei lassen sie sich von der ruhigen Musik inspirieren. Erklingt die Triangel, geben die Kinder ihre Knetmasse an den rechten Nachbarn weiter und setzen das Spiel fort, indem sie die „neue" Form abtasten und verändern. Auf diese Weise wird das Spiel immer weitergeführt, bis alle Kinder ihre ursprüngliche Knetmasse in den Händen halten und die Musik zu Ende ist. Die Spielleitung entfernt behutsam die Leintücher und die Kinder begutachten die einzelnen Gruppenarbeiten, denen sie miteinander einen Namen geben können.

Stempel-Tanz

Das unten aufgeführte Stempelspiel bereitet den Kindern großes Vergnügen und sorgt dafür, dass sich alle Kinder gegenseitig bewusst wahrnehmen.

Material: für jedes Kind 1 DIN A5 Blatt in Weiß, 1 Fingerstempel oder 1 kleiner Stempel, flotte Tanzmusik
Spieler/innen: ab 5 Kinder

Alle Kinder erhalten jeweils einen Stempel und ein weißes DIN A5 Blatt Papier.
Zum Rhythmus der Musik bewegen sie sich so lange durch den Raum, bis die Spielleitung die Pausentaste drückt. Immer zwei Kinder, die sich in der Nähe befinden, gehen aufeinander zu und machen sich gegenseitig ihren Stempel auf das Papier. Sobald die Musik wieder erklingt, trennen sich die Kinder voneinander und tanzen durch den Raum. Erst wenn alle Kinder von jedem Kind einen Stempel auf ihrem Papier haben, ist das Spiel beendet.

Zufalls-Klamottentausch

Zufällig aufeinander zugehen, sich begegnen, in andere Kleidungsstücke schlüpfen und dabei jede Menge Spaß haben, ist bei dem unten aufgeführten Spiel möglich.

Bis auf drei Kinder stehen alle Kinder im Kreis. Die drei Kinder, die in der Kreismitte stehen, schließen ihre Augen, drehen sich um die eigene Achse und gehen mit ausgestreckten Armen auf jeweils ein Kind im Außenkreis zu, um es zu umarmen. Gelingt das Vorhaben, öffnen sie die Augen und tauschen mit dem Kind ein beliebiges Kleidungsstück wie den Pullover oder die Schuhe. Mit dem Partnerkind wechseln sie den Platz, so dass das Spiel mit drei weiteren Kindern in der Kreismitte fortgesetzt wird. Erst wenn alle Kinder an der Reihe gewesen sind, dürfen sie ihre „neuen" Kleidungsstücke vor einem großen Spiegel anschauen. Dass hierbei herzhaft gelacht werden kann, versteht sich von selbst!

Wo steckt der Floh?

Miteinander spielen, Quatsch machen und lachen, trägt zu einer ausgelassenen Stimmung in der Gruppe bei, so dass sich alle Kinder wohl fühlen.

Spieler/innen: ab 4 Kinder

Die Kinder stehen im Kreis, schließen ihre Augen und warten ab, bis die Spielleitung einem beliebigen Kind auf die Schultern tippt, welches den Floh spielt. Die Spielleitung bittet die Gruppe die Augen zu öffnen und wählt ein Kind aus, das sich gleich auf die Suche nach dem „Floh" machen darf. Bis auf das Kind, welches den Floh spielt, denken sich alle übrigen Kinder ein weiteres Tier aus. Das Kind, welches nach dem Floh Ausschau hält, geht auf ein Kind zu und fragt: „Welches Tier bist du?" Das Kind antwortet zum Beispiel: „Eine Maus!" und springt vergnügt einmal im Innenkreis herum. Steht das Kind wieder auf seinem Ausgangsplatz, geht das Kind auf ein anderes Kind zu und wiederholt die Frage. Erst wenn das ausgewählte Kind „Ein Floh!" ruft, laufen alle Kinder möglichst schnell zu einer Ecke, um sich in Sicherheit zu bringen. Denn sobald es dem suchenden Kind gelingt, einem anderen die Haare zu verstrubbeln, muss sich dieses auf die Suche nach dem nächsten Floh machen.

Luftballon-Kontaktspiel

Schritt für Schritt Kontakte knüpfen und die Gruppe erleben, all das ist bei dem folgenden Spiel möglich.

Material: flotte Tanzmusik, für jedes zweite Kind aus der Gruppe je 1 Luftballon
Spieler/innen: ab 12 Kinder

Jedes zweite Kind holt sich einen Luftballon, bläst ihn auf und verknotet ihn. Sobald die Tanzmusik erklingt, bewegen alle Kinder die Ballons in der Luft und achten darauf, dass diese möglichst nicht auf den Boden fallen. Stoppt die Musik, versucht jedes Kind, einen Luftballon zu schnappen. Kinder, die keinen Luftballon ergattern konnten, laufen zu einem, das einen Luftballon in den Händen hält. Erklingt die Tanzmusik, fassen sich die einzelnen Paare an den Händen und tanzen im Kreis herum. Erst wenn die Tanzmusik wieder stoppt und zwei bis drei Kinder ihre Luftballons zur Seite gelegt haben, wird das Spiel mit einer geringeren Anzahl an Luftballons wiederholt. Dadurch, dass nach jeder Spielrunde weitere Luftballons aus dem Spiel herausgenommen werden, entsteht allmählich ein großer Tanzkreis.

Affenstarker Blödsinn!

Es ist ein großer Unterschied, ob jemand vor Schadenfreude ausgelacht wird oder absichtlich Quatsch macht, um andere aufzuheitern. Das Letztere können die Kinder gleich ausprobieren.

Alle Kinder stehen im Kreis und wählen mit Hilfe eines Abzählverses ein Kind aus, das ein Affe darstellt und die Aufgabe hat, ein anders Kind zum Lachen bringen. Das Kind stellt sich in die Kreismitte. Es hüpft wie ein Affe im Innenkreis herum, macht lustige Grimassen, kratzt sich am Kopf und springt plötzlich in Richtung eines Kindes, um es zu kitzeln oder die Haare zu verstrubbeln. Fängt das Kind herzhaft an zu lachen, tritt es ebenfalls in die Kreismitte und versucht, auf die gleiche Art ein weiteres Kind zum Lachen zu bringen. Sollte jedoch das Vorhaben nicht gelingen, versucht das Kind sein Glück bei einem anderen Kind. Das Spiel ist beendet, wenn alle Kinder wie Affen im Kreis herumspringen.

10.3 Freizeitaktionen und Beratungsangebote

Aufklärungs- und Präventionsarbeit zu leisten, sind wichtige Instrumente im Kampf gegen Schikanen. Das fängt mit speziellen Fortbildungen für Erzieher/innen und Lehrer/innen an, bei denen das nötige „Handwerkszeug" vermittelt wird. In einer Teamsitzung oder Gesamtlehrerkonferenz sollten die Erfahrungen weitergegeben und miteinander besprochen werden, so dass alle Kollegen von der Fortbildung profitieren.

Eine enge Zusammenarbeit mit den Eltern aus der Einrichtung ist ein weiterer Bestandteil, um Schikanen bereits im Kindergarten vorzubeugen oder sie zu beenden. Eine Möglichkeit ist ein Elternabend zum Thema „Schikanen unter Kindern", den zum Beispiel ein Sozialpädagoge, Sozialarbeiter, Schulpsychologe oder Kindertherapeut aus dem näheren Umfeld leiten kann. Natürlich können das auch weibliche Fachkräfte sein. Adressen von Beratungsstellen und Broschüren, die bei Problemen und Erziehungsfragen weiterhelfen, sollten für alle Eltern auf einem Tisch ausgelegt oder auf die Informationswand in der Nähe des Eingangsbereichs geheftet werden.

Aktionen und Projekte wie unten beschrieben, bei denen das gute Miteinander und die Freude an der Sache im Vordergrund stehen, helfen, um mit Ärger, Stress und Aggressionen besser umzugehen und Schikanen vorzubeugen. Auf Wunsch oder Nachfrage können sich die Eltern bei der einen oder anderen Aktion aktiv beteiligen. Das hat einen nicht zu unterschätzenden Vorteil: Es entsteht eine vertrauensvolle und offene Zusammenarbeit zwischen der Einrichtung und dem Elternhaus, das nicht zuletzt die Kinder spüren!

Weniger Spielzeug ist mehr! – Ein Projekt zur Sucht- und Gewaltvorbeugung

Spielzeug in Maßen kann durchaus Sinn machen. Es dient dazu, die Kreativität zu fördern, die Phantasie zu schulen, in Bewegung zu kommen und die Kinder zum Sprechen anzuregen. Ein Überangebot an Spielzeug führt oftmals zu einer Reizüberflutung. Die Kinder wissen häufig nicht, mit welchem Spielzeug sie spielen sollen und sind meist enttäuscht, wenn es keine Spielvarianten gibt. Die Folgen sind Langeweile, Frust, Streit oder Aggressionen.

Aus diesem Grund empfiehlt es sich, dass die Kinder einen Teil ihrer Spielsachen in verschließbare Regale und Schränke räumen oder in Kisten verpacken und in den Keller stellen. Nach drei bis vier Monaten werden die Spielsachen ausgetauscht, so dass die Kinder wieder ein interessantes und überschaubares Angebot an Spielsachen vorfinden. Auf diese Weise lernen Kinder, ihre Bedürfnisse wahrzunehmen und ihre Wünsche zu äußern. Die Kinder sind dann viel eher bereit, Spielregeln einzuhalten, einander zu helfen und sich zu einigen.

Eine weitere Möglichkeit besteht darin, den Kindern eine „Aus-Zeit" von einem geplanten und durchstrukturierten Kindergartenalltag zu geben, welcher von Erwachsenen bestimmt wird. Nach einer langen Vorbereitungszeit wird für drei Monate das vorgefertigte Spielzeug zusammen mit den Kindern entfernt, so dass sie sich mit sich selbst auseinander setzen müssen. Das Entfernen des Materials und das Wegfallen der „Animation" bringen mit sich, dass der Erwachsene das Spielgeschehen hauptsächlich interessiert beobachtet. Das Projekt „Spielzeugfreier Kindergarten" wurde zum ersten Mal 1992 ins Leben gerufen und hat das Ziel, soziales Lernen zu trainieren, die Lebenskompetenzen zu stärken und Suchtverhalten vorzubeugen. Es richtet sich nicht gegen das Spielzeug, sondern will den Kindern bewusst einen neuen Erfahrungsraum geben!

Wald- und Wiesentage – sich als einen Teil der Natur erleben

Wald- und Wiesentage bieten vielfältige Erlebnis- und Lernmöglichkeiten.

Die Kinder können unter anderem ein Waldsofa bauen, ein Wald- oder Wiesenquiz machen, im Schlamm mit nackten Füßen laufen, Pflanzen und Gräser bestimmen oder wie ein „Wirbelwind" herumspringen. Sie erproben ihre körperlichen Fähigkeiten, schätzen ihre Risiken ein, erweitern ihr Wissen und gewinnen an Selbstsicherheit.

Zudem fördern die Aufenthalte in der Natur das naturbewusste Verhalten.

Durch Beobachtungen lernen die Kinder, den Rhythmus der Jahreszeiten, Naturphänomene und kleine Lebewesen bewusst wahrzunehmen. Sie schärfen ihren Blick für die unscheinbaren Dinge, werden sensibel gegenüber schwächeren Lebewesen und lernen, die Natur zu achten und zu schützen. Positiv gemeinsam gefundene und formulierte Regeln, die sich auf das Wichtigste beschränken, wie in der Gruppe zusammenbleiben, sich ruhig in der Natur verhalten, sauber den Rastplatz verlassen, Pflanzen am Platz stehen lassen und behutsam ein Tier in der Hand halten, werden von den Kindern gerne eingehalten und wirken sich besonders gut auf das Sozialverhalten in der Gruppe aus.

Trimm-Dich-Tage – zum Fitbleiben und Hindernisse überwinden

Trimm-Dich-Tage, bei welchen die Kinder ausgiebig laufen, klettern, hüpfen, balancieren und spielen, ohne dabei miteinander zu wetteifern, sind hervorragend geeignet, um in Bewegung zu kommen und vorhandene Ängste, Hemmungen oder Aggressionen abzubauen. Neben dem „Sport treiben" spielt vor allem das gute Miteinander eine große Rolle, welches die Kinder zum Beispiel durch Bewegungslandschaften erproben können. Mit Hilfe von unterschiedlichen Geräten und Materialien wie Kästen, Bänken und Seilen werden Hindernisse, Tunnel oder schiefe Ebenen in der Turnhalle oder einem anderen Raum gebaut, welche die Kinder auch paarweise überwinden können. Ähnlich wie bei Schwierigkeiten, die zum Leben gehören, müssen Ideen entwickelt und Lösungswege gefunden und umgesetzt werden. Auf diese Weise werden Geschicklichkeit, Kraft und Mut miteinander erprobt.
Aber auch ein Trimm-Dich-Pfad, wo die Kinder so ganz nebenbei gesunde Waldluft einatmen und zwischendurch die herrliche Umgebung genießen, besteht teilweise aus Hindernissen wie Baumstämme oder Baumstümpfen, die sich zum Überqueren, Springen oder Balancieren eignen.

Kinderpatenschaften – eine Möglichkeit, um neue Kinder gut in die Gruppe zu integrieren

Trotz aller Vorfreude ist der Eintritt in den Kindergarten oder in die Schule für viele Kinder mit Befürchtungen und Ängsten verbunden.

Wie wird mich wohl die Gruppe aufnehmen? Werde ich bald Freunde finden oder eher abgelehnt? Und was tun, wenn niemand neben mir sitzen oder mit mir spielen möchte? Das sind bedeutsame Fragen, die wir ernst nehmen und auf die wir eine Antwort finden müssen. Damit jedoch die neuen Kinder ihren Platz rasch in der Gruppe finden, müssen die alten Kinder auf ihr Kommen gut vorbereitet werden. Dazu sollten sich die Kinder überlegen, wie die erste Zeit mit den neuen Kindern gestaltet werden kann. Neben einer Begrüßungsfeier und Spiele zur Kontaktaufnahme, haben sich Kinderpatenschaften in der Praxis gut bewährt, bei denen sich immer ein alteingesessenes und erfahrenes Kind um ein neues Kind während der Eingewöhnungszeit bemüht. Das Kind steht seinem „Schützling" mit all seinen Fragen zur Verfügung, hilft ihm, sich in der neuen Umgebung zurechtzufinden und die ersten Kontakte zu den anderen Kindern zu knüpfen. Dadurch, dass die neuen Kinder von Anfang an eine Bezugsperson unter den alteingesessenen Kindern haben, wird ihnen oftmals schnell die Scheu vor dem neuen Territorium genommen. Und die alteingesessenen Kinder, die aktiv den Eingliederungsprozess der neuen Kinder in der Gruppe begleiten, sind stolz auf ihr Können. All das wirkt sich schließlich besonders positiv auf das Gruppenklima aus.

Eine soziale Einrichtung besuchen – ein Projekt, um voneinander und miteinander zu lernen

Der Besuch in einem Alten- oder Behindertenheim ermöglicht vielfältige soziale Lernerfahrungen. Voraussetzung hierfür ist jedoch, dass es nicht bei einem einmaligen Besuch bleibt. Um einen guten Kontakt zu den älteren oder behinderten Menschen aufzubauen, empfiehlt es sich, eine Einrichtung mit den Kindern auszuwählen, die sie drei- bis viermal im Monat besuchen dürfen.
Im Altersheim können Jung und Alt zum Beispiel kleine Spiele im Stuhlkreis durchführen oder wenn möglich spazieren gehen. Ältere Menschen können den Kindern Geschichten aus ihrer Kindheit erzählen und ihnen Volkslieder beibringen, deren Melodie alle Beteiligten mit Rhythmusinstrumenten begleiten.

Aber auch körperlich und geistig behinderte Menschen, die oft unglaublich viel Lebensfreude haben, machen Mut und zeigen gerne ihr Können, indem sie zum Beispiel mit den Kindern einen Kuchen backen, tanzen, singen, spazieren gehen oder gar spielen. Auf diese Weise werden die sozialen Kompetenzen der Kinder gefördert, so dass sie verantwortungsvoll mit sich selbst und anderen umgehen lernen.

Lese-Oma/Lese-Opa – viel mehr als eine Vorlesestunde!

Einrichtungen, bei denen Bücher einen hohen Stellenwert haben, engagieren gerne ältere Damen und Herren, die zum Beispiel einmal in der Woche eine Vorlesestunde für die Kinder durchführen.

Unabhängig jedoch davon, ob ein Märchen oder eine Geschichte vorgelesen, ein Sach-, Phantasie-, Tier- oder anderes Bilderbuch gezeigt wird, sind Kinder von ihrer Lese-Oma oder ihrem Leser-Opa ausgesprochen begeistert. In gemütlicher Atmosphäre wie in der Kuschel- oder Leseecke wird die Freude an Büchern geweckt und die Lust am Lesenlernen angeregt, die durch das veränderte Freizeitverhalten der Kinder oftmals in den Hintergrund rückt.

Dadurch, dass die Kinder sehr gespannt und aufmerksam zuhören, wird die Phantasie gefördert, das Wissen erweitert und die Kommunikation geschult. Eine Möglichkeit, die wir auch im Hinblick auf das soziale Lernen nutzen sollten. So kann eine Lese-Oma oder ein Lese-Opa speziell Geschichten und Bilderbücher, die sich mit dem Thema „Konflikte bewältigen" und „Zusammenleben" beschäftigen, vorlesen und die Kinder das gutes Ende selbst finden lassen. Indem die Kinder über den Ausgang der Geschichte nachdenken, eigene Ideen entwickeln und miteinander nach Konfliktlösungen suchen, werden soziale Lernerfahrungen ermöglicht.

Am Lagerfeuer sitzen – das entspannt und fördert das gute Miteinander

Am Lagerfeuer verweilen, dem Knistern des Feuers lauschen und miteinander grillen, macht Spaß und fördert das Wir-Gefühl.

Und wenn es draußen allmählich anfängt zu dämmern, rücken Groß und Klein, Jung und Alt besonders gerne eng zusammen. Das gemütliche Beisammensein ist schön und lädt zum Singen und Musizieren ein. Die Melodie, die ein Erwachsener oder ein geübtes Kind auf der Gitarre spielt, können die Kinder zudem mit körpereigenen Geräuschen begleiten, indem sie zum Beispiel rhythmisch klatschen, stampfen, mit den Fingern schnippen oder mit den Händen auf die Oberschenkel patschen. Ähnlich wie bei einem großen Orchester entsteht ein tolles musikalisches Zusammenspiel, das niemand so schnell vergisst! Darüber hinaus bereiten den Kindern vorgelesene oder erzählte Geschichten eine spürbar große Freude. Die Atmosphäre am Lagerfeuer, bei welcher sich die einzelnen Kinder besonders nahe stehen, bietet sich insbesondere für Geschichten an, bei denen das soziale Miteinander eine große Rolle spielt.

Vernissage mit Gruppenarbeiten – ein Projekt, das erst durch das Miteinander gelingt

Aus einfachen Materialien wie leeren Toilettenrollen, Schachteln und Joghurtbecher sowie Papierschnipsel, Woll- und Stoffresten lassen sich äußerst phantasievolle Kunstwerke herstellen. Anspruchsvoll und interessant wird das Basteln und Gestalten, wenn die Kinder in einer überschaubaren Gruppe etwas gemeinsam bewerkstelligen sollen. Damit das gelingt, müssen die Kinder Ideen entwickeln, miteinander ins Gespräch kommen und sich für irgendetwas gemeinsam entscheiden. Miteinander wird auch das benötigte Material zum Basteln und Gestalten ausgesucht. Die Kinder spüren, dass sie für die Gruppe wichtig sind und haben große Freude daran, bei der Gemeinschaftsarbeit mitzuwirken. Eine Vernissage mit Getränken und kleinen Happen, bei welcher die Kinder ihre fertigen Gruppenarbeiten ihren Eltern oder sogar einer bereiten Öffentlichkeit präsentieren dürfen, würdigt das gemeinschaftliche Tun und zeigt eindrucksvoll, was in der Gruppe so alles steckt!

Anhang

Hilfen und Anlaufstellen

Wurden Schikanen unter Kindern bemerkt, sind sich alle einig: Das Opferkind, aber auch die Kinder, die direkt oder indirekt an den Schikanen beteiligt sind, brauchen dringend Hilfe! Dennoch wissen die meisten Kinder und einige Erwachsene nicht, wo sie sich professionelle Hilfe und Unterstützung bekommen.

Die unten aufgeführten Hilfen und Anlaufstellen zeigen, an wen sich Kinder, Eltern und Pädagogen mit ihren Anliegen und Sorgen wenden können.

Anschriften und Rufnummern von Anlaufstellen in der Nähe des Wohnorts stehen in der Regel im Fernsprechbuch und im Branchenverzeichnis oder können bei der Telefonauskunft erfragt werden. Zudem können Auskunft geben: Die Stadt- und Gemeindeverwaltung, die jeweiligen Landratsämter, die sozialen Dienste der Kirche, die Gesundheitsämter, die Krankenkassen und Ärzte.

Vertrauenslehrer/in

In den meisten Bundesländern haben Schulen „Vertrauenslehrer/innen", an die sich die Schüler anonym mit ihren Problemen wenden können. Sie helfen weiter, wenn die Schüler aus irgendeinem Grund nicht mehr mit ihrem Klassenlehrer oder ihrer Klassenlehrerin, aber auch anderen Mitschülern klar kommen. Auch haben sie offenes Ohr für die Probleme im Elternhaus und in der Freizeit.

Kinderfachberatung

In vielen Städten oder größeren Gemeinden gibt es eine Kinderfachberatung, die für die kirchlichen oder städtischen Kindertageseinrichtungen zuständig ist. Dabei handelt es sich in der Regel um ausgebildete Sozialpädagogen oder Sozialarbeiter, die unter anderem folgende Aufgaben haben: Betreuung und Beratung der Erzieher/innen, Beratung der Träger und Eltern, Fortbildungsveranstaltungen, Qualitätssicherung und Konzeptionsentwicklung der Einrichtungen mit den jeweiligen Teams. Die Kindergartenfachberatung kann auch bei schwierigen Kindern weiterhelfen, indem sie mit den Erzieher/innen die Möglichkeiten der Verhaltensbeobachtung erörtert und gegebenenfalls bei Elterngesprächen vermittelt.

Kinderseelsorger/in

Evangelische und katholische Pfarrer/innen in der Nähe des Wohnorts führen auch seelsorgerische Gespräche durch. Sie beraten und unterstützen Kinder, die zu ihnen kommen und Probleme im Kindergarten, in der Schule, in der Freizeit oder in der Familie haben.

Beratungsstellen

In jeder Stadt und größeren Gemeinde gibt es in der Regel eine Erziehungs- und Familienberatungsstelle oder ein Jugendamt, an das sich Eltern, Erzieher/innen und Lehrer/innen wenden können. Die Beratungsstellen und Jugendämter, bei denen fachkundige Psychologen, Therapeuten oder Sozialpädagogen arbeiten, sind nicht zuletzt eine Kontakt- und Hilfestelle für Kinder in Not.

Telefonseelsorge in Deutschland

In Deutschland arbeiten über 7000 Menschen ehrenamtlich, um Menschen in Not- und Krisensituationen beizustehen. Die Telefonseelsorge ist auch ein Angebot für Menschen, die Seelsorge und Beratung suchen. Die kirchliche Telefonseelsorge Berlin bietet sogar eine Beratung in Russisch und Englisch an.
Gebührenfrei und zu jeder Tageszeit ist die Telefonseelsorge unter der Rufnummer 0800/111 0 111 und 0800/111 0 222 zu erreichen.

Persönliche Beratung/Offene Türen

Die Beratungseinrichtungen „Offene Türen" arbeiten eng mit der Telefonseelsorge zusammen. In direkten persönlichen Gesprächen erfolgt die Seelsorge für Menschen, die in seelischen, religiösen und sozialen Nöten sind. Sie werden beraten und/oder in Krisen begleitet. Wie bei der Telefonseelsorge werden die Gespräche vertraulich behandelt. Offene Türen gibt es derzeit in folgenden Städten: Berlin, Bremen, Erlangen, Frankfurt, Hannover, Karlsruhe, Mannheim, München, Nürnberg, Schweinfurt, Würzburg.

Kindersorgentelefon

„Sicher – Stark" heißt die Selbstschutz-Initiative in Euskirchen bei Köln, die für Schulen und Vereine unterschiedliche Kurse sowie ein Kindersorgentelefon anbietet. Die Rufnummer lautet: 0800/111 0 333.

Mobbing-Beratungstelefon

Die Gewerkschaft DAG, der kirchliche Dienst KDA und die Krankenkasse AOK Hamburg hat ein Mobbing-Telefon eingerichtet, an welches sich Ratsuchende wenden können.
Die Rufnummer lautet: 040/20 23 02 09.

Kindergruppe für „gemobbte" Kinder

Manche Erziehungs- und Familienberatungsstellen bieten kleine Gruppen für betroffene Kinder an, die das Ziel verfolgen, soziales Lernen zu fördern, Ängste und Blockaden zu überwinden, neue Verhaltensweisen einzuüben und im Alltag zu erproben. Dabei sollen die Kinder ihre eigene Interessen und Bedürfnisse wahrnehmen und vertreten lernen.

Präventionsansätze zum Thema „Gewalt"

Im Folgenden werden nützliche Internetadressen aufgeführt, die für die Präventionsarbeit an Kindergärten und Schulen nützlich sind:

Streit schlichten

Durch Kommunikationstraining, Rollenspiele werden Kinder befähigt anderen Kindern in Konfliktsituationen beizustehen.
Mehr Infos unter der Adresse: www.kidsmobbing.de

Faustlos

„Faustlos" ist ein Erziehungsprogramm für Kindergärten und Schulen vom Heidelberger Professor Manfred Cierpka.
Mehr Infos unter der Adresse: www.faustlos.de

Kinderschutzbund

In den Kursen „Starke Eltern – starke Kinder" des Kinderschutzbundes geht es um das Thema „Erziehung".
Mehr Infos unter der Adresse: www.kinderschutzbund.de

Präventionsprojekte

Über Präventionsprojekte, die in unterschiedlichen Ländern laufen, gibt ein Team von 20 europäischen Wissenschaftlern auf der Internetseite des EU-Projektes „Visionary" Aufschluss.
Mehr Infos unter der Adresse: www.gewalt-in-der-schule.info

Literatur

Baum Heike, Mit dem spiel ich nicht! Vom Umgang mit Ablehnung und Ausgrenzung, Kösel, München 2002

Cierpka, Manfred: Faustlos – Wie Kinder Konflikte gewaltfrei lösen lernen, Herder, Freiburg im Breisgau 2005

Erkert, Andrea: Spiele zum Abbau von Aggressivität, Don Bosco, München 2003

Erkert, Andrea: „Liebe Schnecke komm heraus!", Spiele und Anregungen zur Förderung des Selbstwertgefühls und des sozialen Verhaltens, Ökotopia Verlag, Münster 2. Auflage 2002

Faller, Kurt/Faller, Sabine: Kinder können Konflikte klären, Mediation und soziale Frühförderung im Kindergarten – ein Trainingsbuch, Ökotopia Münster 2002

Friedl, Johanna: Aggressive Kinder, Gesprächshilfen für Erzieherinnen im Kindergarten und Hort, Kaufmann, Lahr 2002

Gebauer, Karl: Wenn Kinder auffällig werden, Perspektiven für ratlose Eltern, Walter, Olten (Schweiz) 2000

Götzinger, Marina/Kirsch, Dieter: Grundschulkinder werden Streitschlichter, Ein Arbeitsprogramm mit vielen Kopiervorlagen, An der Ruhr, Mühlheim an der Ruhr 2004

Kaiser, Thomas: Das Wut weg Buch, Spiele, Traumreisen, Entspannung gegen Wut und Aggressionen bei Kindern, Christophorus, Freiburg i. Br. 2. Auflage 2001

Kasper, Horst: Prügel, Mobbing, Pöbeleien, Kinder gegen Gewalt in der Schule stärken, Cornelsen Scriptor, Berlin 2003

Koll, Lea Regine: Weil hauen nicht weiterhilft, Spiele und Aktionen zur Konfliktbewältigung, Herder, Freiburg i. Br. 2004

Krowatschek, Dieter: Wut im Bauch, Aggression bei Kindern, Walter, Olten (Schweiz) 2004

Pfeffer, Simone: Emotionales Lernen, Ein Praxisbuch für den Kindergarten, Beltz, Weinmann 2002

Portmann, Rosemarie: Gewalt unter Kindern, Auf den Punkt gebracht, Don Bosco, München 2004

Portmann, Rosemarie (Hrsg.): Trau dich was! Geschichten, die selbstbewusst und mutig machen, Arena, Würzburg 2000

Preuss-Lausitz, Ulf (Hrsg.): Schwierige Kinder – Schwierige Schule, Konzepte und Praxisprojekte zu integrativen Förderung verhaltensauffälliger Schülerinnen und Schüler, Beltz, Weinmann 2004

Preuss-Lausitz, Ulf (Hrsg.): Verhaltensauffällige Kinder integrieren, Zur Förderung der emotionalen und sozialen Entwicklung, Beltz, Weinmann 2005

Schallenberg, Frank: Ernstfall Kindermobbing, Das können Eltern und Schulen tun, Claudius, München 2004

Stamer-Brandt, Petra: Wut-weg-Spiele, Christophorus, Freiburg i. Br. 2003

Stiefenhofer, Martin: 55 Tipps ... wenn sich Kinder streiten, Praktische Hilfen – schnell und kompetent, Christophorus, Freiburg i. Br. 2001

Textor, Martin R. (Hrsg.): Verhaltensauffällige Kinder fördern, Praktische Hilfen für Kindergarten und Hort, Beltz, Weinheim 3. Auflage 2004

Trapmann, Hilde/Rothaus, Wilhelm: Auffälliges Verhalten im Kindesalter, Handbuch für Eltern und Erzieher – Band 1, Verlag modernes leben, Dortmund 2004

Walter, Gisela: Ich und du – wir und ihr, Spiele und Aktionen zur Förderung der Sozialkompetenz, Herder, Freiburg im Br. 2004

Empfehlenswerte Bilderbücher

Abedi, Isabel/Henze, Dagamar: Torro sieht rot, arsEdition, München 2004

Abedi, Isabel/Neuendorf, Silvio: Blöde Ziege – Dumme Gans, arsEdition, München 2002

Georg, Christine/Mai, Manfred: Mit dir spiel ich nicht! sagt der kleine Fuchs, Ravensburger, Ravensburg 2003

Georg, Christine/Mai, Manfred: Dann hau ich dich! sagt der kleine Fuchs, Ravensburger, Ravensburg 2002

Moost, Nele/Rudolph, Annet: Alles verzankt! und ruck-zuck wieder vertragen, Esslinger, Esslingen 2003

Mönter, Petra/Spanjardt, Eva: Sophie wehrt sich, Kerle bei Herder, Freiburg i. Br. 2004

Mönter, Petra/Wiemers, Sabine: Vimala gehört zu uns, Kerle bei Herder, Freiburg i. Br. 2002

Nöstlinger, Christine: Anna und die Wut, Dachs, Wien 2002

Spathelf, Bärbel/Szesny, Susanne: Die kleinen Streithammel oder Wie man Streit vermeiden kann, Albarello, Wuppertal 2002

Stellmacher, Hermien: Ich will so bleiben wie ich bin, Ravensburger, Ravensburg 2001

Stellmacher, Hermien: Spiel nicht mit den Schmuddelschweinen, Ravensburger, Ravensburg 2004

Van Genechten, Guido: Nicki, Annette Betz, Wien 2000

Die Autorin

Andrea Erkert ist Erzieherin, Entspannungspädagogin und Fachlehrerin einer Grundschulförderklasse in der Nähe von Stuttgart. Seit einigen Jahren bietet sie Seminare und Elternabende an, unter anderem zu den Themen Gewaltprävention, Naturerfahrung, Sprachförderung, Entspannung und Bewegung im In- und Ausland. Anfragen für ganz- oder halbtägige Seminarveranstaltungen sowie Elternabende in Kindergärten oder Schulen unter der folgenden Adresse:

Andrea Erkert, Seelacher Weg 79, 71522 Backnang
Tel. 07191/90 83 57 oder 0162/73 43 792, Fax: 07191/90 83 59
E-Mail: andrea.erkert_florida-sun@t-online.de
Im Lambertus-Verlag ist folgendes Buch erschienen:
Kreative Entspannung im Kindergarten
Volker Friebel, Andrea Erkert und Sabine Friedrich